• *Colección Stadiu*

42 kilómetros para amar el maratón

Alfredo Varona

ediciones Lectio

Primera edición: noviembre de 2014

C/ Muntaner, 200, ático 8ª – 08036 Barcelona
Tel. 977 60 25 91 – 93 363 08 23
lectio@lectio.es
www.lectio.es

Diseño y composición: Imatge-9, SL

Impresión: Romanyà-Valls, SA

ISBN: 978-84-16012-09-1

DL T 1431-2014

Prólogo

¿Por qué estoy aquí?

Escrito por VICENTE SÁNCHEZ BLANCO
Entrenador, maratoniano y webmaster de *www.elatleta.com*
Autor del blog *Cosas del correl y del vivir (http://vsblanco.blogspot.com.es)*

Si no me gustase correr, sería imposible amar el maratón. Entonces la primera pregunta que me hago es: ¿por qué empecé a correr? O, más bien, ¿por qué corro? ¿Por qué sigo corriendo?

– Porque me gusta. Igual que me gusta ir al cine, leer un libro o ir a un concierto, correr es una actividad que me gusta y por eso la practico.

– Porque me hace sentir bien. De la misma manera que cuando tengo calor me doy un chapuzón o que cuando tengo frío enciendo la calefacción, correr me hace sentir bien. Y me siento bien mientras corro y, sobre todo, una vez que termino de correr.

– Porque me permite estar a solas conmigo mismo. Cuántas veces he salido a correr dándole mil vueltas a la cabeza por cualquier cuestión laboral, personal o familiar y el rato que he practicado eso que Alain Silitoe llamó «la soledad del corredor de fondo» me ha permitido solucionar o, como mínimo, suavizar ese conflicto…

– Porque me permite relacionarme. Se dice del atletismo que es un deporte muy democrático. Pero hasta lograr la base física para afrontar un maratón hay que pasar por muchos meses de entrenamiento y si entrenamos en el mismo lugar y a la misma hora coincidimos con los mismos corredores. Y sin querer hago grupo. Y lo que surja a partir de ahí ya depende de cada uno.

Creo que cualquier atleta, sin excepción, puede solidarizarse con estas razones. Pero si ese mismo atleta finaliza un maratón, entonces se une la gigantesca satisfacción personal de cumplir un desafío mítico, de echar un pulso a la historia.

Para cualquier persona ajena al mundo del maratón, completar la distancia y pasarse tres o cuatro horas corriendo puede suponer una locura. De eso nos tachan algunos, de locos. Otros dicen que somos unos valientes y algunos, incluso, se atreven a llamarnos héroes. Pero yo no estoy de acuerdo en que terminar un maratón sea un acto de heroicidad. Algo que está al alcance de cientos de miles de personas y que cada domingo se hace en todo el mundo, no es suficiente para considerarnos como héroes.

Ahora bien, el hecho de que un maratón sea asequible a la mayoría de nosotros no significa que sea un camino de rosas. El camino está jalonado por no pocas dificultades. Las sensaciones que se sienten cuando se cruza la meta son indescriptibles. Sólo las puede entender el que lo ha hecho. Entonces se olvidan los dolores, los sufrimientos, todo eso que formaba parte de tu vida y que tú fuiste capaz de sacrificar.

Pero, en realidad, no estás sacrificando tantas cosas, sino que estás alimentando tu espíritu de manera diferente. Gracias al maratón, vas a descubrir que levantarse los domingos a las ocho de la mañana para hacer una tirada larga te gusta tanto o más que salir a tomar algo el sábado por la noche, que el dolor de piernas que tendrás después de algunos entrenamientos es un placer y hasta te quedará la osadía de pensar que lo que entrenaste hoy no fue todo lo duro que debería. También anotarás en tu diario de entrenamientos lo que has hecho y el ritmo al que lo has hecho, la tecnología al servicio del corredor dejará de ser un secreto para ti. Y todo esto gracias a una carrera que se llama maratón y que glorifica a un soldado de la antigua Grecia, capaz de correr desde la llanura de Maratón hasta Atenas para anunciar la victoria de los suyos.

Seguramente, te parecerá que el día en el que vas a emular a Filípides no llega nunca y mirarás el calendario para descontar los entrenamientos que te faltan para el gran día, en el que tú también vas a ser un Filípides, como toda la gente que interviene en este libro y que, sinceramente, nos concede 42 GRANDES MOTIVOS PARA AMAR EL MARATÓN.

Presentación

En realidad, este es el último texto que escribo y el primero que ustedes van a leer. Sucederá como en el maratón, donde la marca es lo último que se logra y lo primero que se recuerda. Así que es otro punto de unión más entre el maratón y este libro, que desearía ser una tentación. Quizá hasta exista algún motivo. El primero que se me ocurre es que sus páginas están ocupadas por héroes. Sus kilómetros aprecian la cultura del esfuerzo. Y si alguno fracasa, tampoco pasa nada. Son los fracasos más honrados que existen. Y, en cualquier caso, el resultado siempre será un viaje para recordar toda la vida. Porque el maratón es así: un milagro ambulante, una distancia irrepetible que ha capturado a generaciones de atletas. Su literatura tiene fama. Sus dolores no nos incapacitan. Su misterio siempre será perverso. Su vida, incluso, acepta la locura. Y, si realmente es así, habrá que derribar tópicos, habrá que aceptar que, en realidad, el maratón no es tan extraordinario: los extraordinarios somos nosotros, que somos los que hacemos extraordinaria la distancia. Por lo tanto, ¿cómo no vamos a enamorarnos de los 42,195 kilómetros, de su emotiva personalidad o de su extraña capacidad para hacernos más felices?

Heredero de mi pasión por el maratón, este libro intentará comportarse como una buena persona. Al menos, pertenece a un sentimiento, no a una industria. Naturalmente, detesta lo imposible y cree sinceramente en las segundas oportunidades. Nace, además, sin complejo de inferioridad. Se arriesga a sustituir las imágenes por palabras en cada kilómetro. Indudablemente, es una apuesta difícil, pero la literatura es así. De hecho, este libro viene al mundo después de horas de conversación con atletas a los que les rejuvenece meterse en líos. Por lo tanto, uno no será lo que escribe, sino lo que ha escuchado, las maravillosas historias que me ha contado gente buena e interesante. Quizá por eso cada página se presenta como un misterio, en el que se pide voluntad, no vanidad. Habrá choque de fuerzas y hasta de culturas, porque no todos los atletas piensan igual. Pero, sea como sea, este libro apuesta por todas las clases sociales en el maratón. A su lado, esta distancia se convierte en un asunto para debatir toda la vida, en una cosa muy democrática y en un lugar inolvidable. Y, por supuesto, reivindica su derecho a ser amada en el éxito y en el fracaso. Quizá por sus innumerables diferencias. O, simplemente, por la fragilidad de sus emociones, en las que sólo gobierna nuestra propia satisfacción.

Y, en fin, ¿qué más les voy a contar que la mayoría no sepa? Pues que ha sido un placer organizar estas páginas, escuchar a gente inteligente, que será difícil de olvidar y de sustituir, aunque lo cierto es que cuando uno termina de escribir un libro recupera parte de la vida perdida. En esta vida se puede recuperar todo menos el tiempo que uno pierde con dos hijos cada día más maravillosos; con la mujer que felizmente eligió; con unos padres que adora, y con la familia, en definitiva. Así que va siendo hora de agradecer a todo el mundo los servicios prestados, de dejarles en paz y de no entretenerles más, entre otras razones, porque Fabián Roncero ya les está esperando en el kilómetro 1. Su voz será la primera en una carrera que desearía imponer la lógica. Como en los maratones de verdad, los corredores de élite, que son los más rápidos, serán los primeros. Después, tomarán el testigo atletas anónimos, con sus espléndidas historias, algunas de ellas recién llegadas desde el Camino de Santiago dos días antes de correr el maratón. Una locura, sin duda. Pero piénsenlo fríamente: ¿qué sería del maratón sin la locura? Cumpliría entonces horario de oficina y ya no sería lo que es. Así que bienvenida sea la locura a un territorio claramente emocional. Un motivo más para amar estos 42,195 kilómetros que creen en todo tipo de vencedores. Al menos eso dice Enrique Pascual, un entrenador que, aparte de tratar con maratonianos, hizo campeón olímpico de 1.500 metros a Fermín Cacho en los Juegos de Barcelona 92: «Hacer un maratón es subir al podio, aunque quedes el 300.»

Kilómetro 1

«Si lloras, hazlo por algo importante»

Fabián Roncero (Madrid, 1970)
2.07.23 en Rotterdam 1998

«He conocido el maratón. Es más, he podido ser el hombre más ambicioso del mundo en esta distancia. He tenido el récord del mundo a mi alcance. A falta de tres kilómetros para terminar un maratón tuve margen más que suficiente para lograrlo. Pero entonces sentí más calambres que en toda mi vida.» Aún se recuerda la angustiosa voz del periodista Gregorio Parra en TVE cuando Fabián Roncero Domínguez estuvo a punto de batir el récord mundial, que entonces estaba en 2 horas, 6 minutos y 50 segundos. Pero Fabián tuvo esa fuerza de voluntad para contestar lo imposible. Entonces era el keniata de Canillejas. Corría como vivía, sin miedo al pánico ni a la tentación. Se atrevió, incluso, a desafiar el gobierno de Haile Gebresselassie y por ahora ha sido Fabián Roncero el único español que ha bajado de la hora en media maratón. Su representante, José Alonso Valero, recibía sustanciosas ofertas de los mejores maratones del mundo (Nueva York, Chicago...). Su propia biografía, en la que aparecía galardonado con el Premio Príncipe de Asturias tras el Mundial de Atenas de 1997, era algo más que una esperanza. Logró, incluso, el bronce en el Europeo de cross 2002 corriendo descalzo, tras perder la zapatilla en plena prueba, cosas que, en realidad, sólo le podían suceder a él. Quizá por eso ha sido el atleta más imprevisible que ha dado este país. Sus entrenamientos eran casi más duros que las competiciones, pero Roncero, capaz de entrenar 15 kilómetros a 2.50 cada 1.000 metros, tenía una ventaja: nunca se arrepentía de nada.

Hoy, Fabián es un hombre que supera los cuarenta años y que recuerda aquella época, en la élite, como «una maravillosa banda sonora» en la que, pese a todo, el atleta siempre fue fiel a sí mismo. «La gente aún me pregunta: "¿no te da miedo el maratón?, ¿no te da miedo una distancia tan larga?" Y no, no me lo da ni me lo daba, porque es cuestión de prioridades. Cuando pienso en el maratón, lo hago como una inspiración más en mi vida. Nadie me obligó a hacerlo. Me lo impuse yo mismo. Si me dediqué a esta prueba, cuando fui atleta de élite, es porque quise, pues me podía haber quedado en distancias más cortas. Si sigo haciendo maratones ahora, que ya no me gano la vida corriendo, es porque quiero, porque sigue sin existir nadie que me lo imponga. Por lo tanto, ¿cómo no voy a amar a esta distancia? ¿Por qué no voy a humanizarla? Son 42,195 kilómetros y es verdad que son muchos, pero si aceptas enfrentarte a ellos, hazlo sin miedo, disfruta de la preparación, no arriesgues más de lo que debas y piensa que, si otros son capaces de hacerlo, ¿por qué no lo vas a ser tú? Yo puedo poner de ejemplo mi caso: no tengo ninguna duda de que el maratón me ha hecho mejor persona.»

Con un corazón casi indomable, Fabián Roncero siempre apela a la pasión, a la infancia en la que no existe el rencor. «Para mí, el maratón puede ser un reflejo del niño que fuiste. Sales a correr y a jugar con una distancia que querrá saber cómo eres capaz de resolver tus problemas. Incluso se puede convertir en un laberinto, pero lo importante es que aceptas estar ahí. Por eso yo nunca me sentí perdedor. Ni siquiera las veces que tuve que retirarme en el kilómetro 30 por una lesión. Y no me lo sentí, porque había hecho lo posible y, una vez que haces eso, no creo que puedas reprocharte nada.» La vida de Fabián Roncero casi siempre fue un alegato al optimismo. «El maratón necesita gente optimista.» Su escala de valores le permite ser así y hasta justificar la locura. «No digo que no», acepta. «Corriendo siempre fui un peligro e imagino que todavía lo soy. Yo llegué a entrenar 15 kilómetros en solitario en una pista al ritmo del récord del mundo de media maratón que, si lo piensas fríamente, es casi una locura. Pero son cosas que quedan ahí, que las recuerdas y que, naturalmente, no vas a recomendar a nadie. Al contrario: el maratoniano, que yo predico, es un atleta apasionado pero responsable, capaz de sobrevivir, de superarse, de competir, de dominarse, de jugar sus cartas sin prisas y, sobre todo, que haga esto con el firme propósito de ser feliz. Si es así, es más difícil que se equivoque. Al contrario. Comprobará que la felicidad también está en el maratón. Al menos, yo la he conocido y estoy muy orgulloso de darme la mano con ella.»

En realidad, Fabián Roncero no ha cambiado. Su vida ya no es la que fue. Sus sueños ya no son compartidos por miles de atletas, que lo convirtieron casi en un ídolo en la década de los noventa, cuando su nombre se asociaba por instinto al récord del mundo. Corría a punta de pistola. Tenía ese talento o esa impetuosa voluntad que le hizo más fuerte que el odio. «Creo que nunca lloré por un mal resultado o por una mala carrera. Es más, pienso que si lloras en esta vida debes hacerlo por algo realmente importante.» Quizá se trata de una cuestión de formación en la que la humildad casi siempre se sintió a gusto en la vida de Roncero. «No entiendo amanecer de mal humor, no entiendo que llegues a casa disgustado porque el entrenamiento te ha salido dos o tres minutos por encima de lo que esperabas. ¿Qué sentido tiene eso? ¿Acaso esa va a ser tu última oportunidad?» El discurso de Fabián, a veces, parece un manual de autoayuda, pero él prefiere juzgarlo con más naturalidad. «Sí, y, es más, cualquiera que sea atleta, o se esfuerce por serlo, me va a entender fácilmente. Nosotros, los maratonianos, somos tipos raros que, si por algo nos identificamos, es por nuestra resistencia a la frustración. Quizá porque tenemos mentalidad de boxeadores. Somos capaces de encajar, de entrenar con fatiga, de ducharnos con agua fría en invierno o de comprobar si realmente el ultrafondista Josef Arjam lleva razón cuando dice: "No sé dónde está mi límite, pero sí sé dónde no está."» Por eso es imposible que Fabián Roncero dramatice con el maratón. A costa suya, se han escrito relatos épicos como los de Rotterdam, Berlín o el Mundial de Edmonton en otro tiempo en el que el atleta ya decía lo mismo que ahora: «Al final, me dirás que he vivido para correr, pero en mi fuero interno sé que he corrido para vivir.»

La realidad es que el maratón aún vive con él. Quizá sea ese colmillo blanco e inseparable en el que Fabián siempre recuerda que «si un día tiene 1.440 minutos, ¿cómo no te va a quedar alguno libre para correr?». Su última aventura en maratón fue en Nueva York, donde, naturalmente, ya no tuvo las exigencias del pasado. Por eso, a día de hoy, es un maratoniano casi anónimo, que se parece a cualquiera de nosotros, que se motiva en silencio, sin grandes presupuestos, pero no pasa nada. Por encima de todo, sigue siendo el que fue: un hombre que huye a toda prisa de lo negativo. «Soy de los que piensa en divertirse, haga lo que haga, incluso el trabajo puede ser divertido si uno se lo propone.» A partir de ahí, Fabián reivindica la banda sonora del maratón en la que la letra habla de prudencia pero no de miedo. «Hay atletas aficionados que se asustan cuando empiezan a preparar el maratón. Sienten que se obsesionan demasiado con la distancia, con el kilometraje, con el número de series y, en definitiva, con todo. Yo entonces les pregunto: "¿acaso sabes lo que es la obsesión?", "¿quién cuantifica la obsesión?", "¿sabes de algún laboratorio en el mundo que lo haga? Yo, por lo menos, no."» Así que volvamos a la tierra para empezar a preparar el maratón, nuestro maratón que será como tiene que ser, «un océano bello, pero peligroso», en el que Fabián Roncero ya nos ha prestado el primer servicio:

—Si lloras, hazlo por algo importante.

Kilómetro 2

«¿Qué estás dispuesto a hacer?»

Toni Peña (Palma de Mallorca, 1970)
2.07.47 en Lago Biwa 2001

—¿Qué estás dispuesto a hacer?

Es la pregunta que hace Toni Peña cada vez que recibe a un nuevo corredor que le pide que le asesore en su tienda de Mallorca. La pregunta es necesaria para escoger el camino y fijar las condiciones. «Yo siempre digo que no corre más quien más se entrena, sino quien mejor entrena.» Su biografía, en realidad, es ley en el maratón. En otro tiempo, Peña fue un maratoniano de élite. Olímpico en los Juegos de Atenas 2004, corrió tres veces por debajo de 2 horas y 8 minutos. Sintió devoción por esta distancia desde la niñez, «en las actividades extraescolares del colegio en las que se veía que lo mío era la larga distancia. Por lo tanto, si esto era lo que me gustaba, no podía renunciar a ello». Se retiró hace seis años, pero nunca perdió su vinculación con el maratón y todavía menos ahora que tiene su propio club, con un grupo de 20 atletas aficionados, entre los que ha descubierto que «hay algunos que son más profesionales de lo que era yo cuando llegué a profesional. Me refiero al estrés, a los nervios, a la psicología o a la motivación previa a la carrera». Algo que, en realidad, a Toni Peña no le parece mal si el atleta lo acepta con suficiente naturalidad. «Yo siempre trato de convencer al corredor que se presenta en la línea de salida de un maratón que es un afortunado. Es algo que no hay que dudar ni por un momento. Ha podido prepararse para hacer lo que le gusta. Va a sentirse un héroe durante unas horas. Hay muchísima gente en el mundo que no dispone de tanto tiempo para sí misma.» Por lo tanto, en su discurso casi nunca se acepta el drama. Sabe que vale de poco y puede hasta poner el ejemplo de su vida atlética, en la que, a veces, peleó con el escepticismo. Ahora, pasado todo eso, se agarra a una lectura más positiva: «El atletismo me enseñó a perder y me ha dejado saborear lo que es ganar… Todas estas cosas son bonitas en la teoría, pero se tienen que vivir.»

En realidad, Toni Peña ya no es el atleta de ayer, ya no es el hombre que vivió nueve años becado en la residencia Joaquín Blume de Madrid. Tampoco es el que llegó a hacer 270 kilómetros semanales que le permitieron vencer en Japón, la tierra sagrada. Ni siquiera es el que debutó en el maratón a los 22 años en San Sebastián con 2 horas y 11 minutos, porque sabía que «nunca sería un gran corredor de 10.000 metros. No tenía sentido malgastar el tiempo». Ahora, Peña ya ha recorrido demasiadas estaciones en su vida; ahora, la solidaridad se impone totalmente al amor propio en un deporte como el maratón, en el que la amistad es tan valiosa. «Sin ir más lejos», me dice el día en el que hablo con él, «mañana voy a salir en la Media Maratón de Palma con Enrique, un atleta que, después de 16 años trabajando para una empresa, se ha quedado en paro y tiene la idea de hacer su mejor marca. Ahora mismo, ayudar a ese hombre es algo que me motiva más que, por ejemplo, hacer podio en esa carrera». Peña sabe que, si Enrique no mejora marca, sentirá cierta decepción. Y, como entrenador y atleta de élite que fue, lo entiende. «Porque el atletismo no deja de ser una competición. Tiene ese plus que te permite probarte. Si lo rechazas, ¿qué diferencia hay entre ir a correr una carrera el domingo por la mañana o ir a dar una vuelta todos juntos por el paseo Marítimo?» Su discurso siempre justifica al reloj, a ese termómetro que impone su ley. «Si sabes realmente el lugar que te corresponde en la carrera, ¿por qué no vas a asumir un objetivo? Pienso que eso es lo más natural del mundo.» Peña incide en la historia de cada uno, en el desahogo que significa esta afición. «Yo tengo un chaval que hace años tuvo un accidente de moto y le dijeron que no volvería a andar. No sé cuántas prótesis tiene en la rodilla y, sin embargo, ya ha sido capaz de bajar de las tres horas en el maratón de Berlín. ¿No es una historia lo suficientemente emotiva?», pregunta.

«Yo mismo tuve mi propia historia», añade Toni Peña. «Tuve mis lesiones, mis dudas, mis años en los que no todo fue perfecto y en los que pensé en abandonar. Pero si algo aprendí del maratón es que la cabeza, al final, casi siempre te ofrece una escapatoria.» De ahí su descripción casi novelada de los 42,195 kilómetros. «No es una carrera al uso, todo lo contrario. Es una carrera demasiado larga en la que el atleta tiene muchos diálogos consigo mismo. Los pensamientos negativos te pueden bombardear. Te atacan fogonazos en los que te preguntas: "¿qué hago yo aquí?, ¿por qué estoy aguantando todo esto?", y no es fácil sobrevivir a ellos.» La memoria no engaña a Toni Peña que, pese a todo, prefiere el optimismo. «Me daba cuenta una vez que llegaba a la meta. Entonces me enorgullecía de mí mismo. Había sido más fuerte que todas esas dudas tan perversas.» Unas dudas que, sin embargo, fueron irreversibles en su época en la élite. «Totalmente», confirma. «Incluso las tres veces que corrí el maratón en 2.07 y que fueron las mejores carreras de mi vida. Pero es que el maratón es así. Se trata de un objetivo bonito, pero difícil, en el que doy tanto valor al que hace menos de tres horas como al que baja de las cuatro. El mérito siempre radica en aguantar, en esperar el final.»

Toni Peña es ahora jefe de su propia tienda de deportes en Palma, donde parece un hombre feliz. «Al menos, me siento en mi hábitat. He encontrado la ubicación que necesitaba. Creo que en la vida eso es lo importante. La gente que entra por la puerta habla mi idioma: series, ritmos, pulsaciones, dolores en los tibiales... Tenemos demasiados puntos en común.» Otra cosa es que Peña sea ajeno a la realidad. «No, de ninguna manera. Sé que detrás de la tienda hay auténticos dramas. Gente que lo está pasando mal, gente que necesita un trabajo y no lo encuentra o gente que debe exprimir al máximo sus zapatillas, simplemente porque su economía no le da para cambiarlas.» Quizá por eso aprecia tanto su lugar en el mundo. «Cada mañana tengo algo que hacer, un porqué para levantarme.» Toda una declaración de vida que choca con lo que vivió, en los cuatro años siguientes a su retirada del atletismo de élite. «Lo dejé porque estaba saturado. Fue en el año 2006. Veía unas zapatillas y no podía. Ni siquiera sabía si quería. Hay veces en las que uno tiene que aceptar la realidad. Quizá fue el precio de tantos años machacando, de entrenamientos terribles, pero es que no podía. No sabía engañarme a mí mismo. Al menos, tuve la inteligencia para verlo.» Y, como si se tratase del kilómetro 30 de su maratón, donde se citan casi todos los fantasmas, Toni Peña se convirtió en un hombre indeciso. «No sabía dónde meter mis esfuerzos. No sabía qué hacer hasta que me llegó la posibilidad de entrar en política como concejal en el Ayuntamiento de Felanitx, de mi municipio.» El resultado, sin embargo, resultó ingrato. «Nada fue lo que me dijeron en la política. Fueron los cuatro años peores de mi vida. Conocí lo duro, la parte negativa, la parte oscura de las personas... Ni siquiera quiero profundizar en ello. Tuve que dejarlo.»

Fue entonces cuando volvió a su mundo, a volver a ser quien fue, a devolver toda su energía al atletismo, al maratón, a su nueva tienda, donde la vida le complace. Primero, porque le relata a diario espléndidas historias humanas y desafíos honrados. Quizá porque el maratón suspira por ellas o quizá porque el atletismo es un ejercicio que, en realidad, no se deja nunca. Toni Peña es una prueba en Palma de Mallorca donde, a menudo, reivindica que se corre como se vive. De ahí que, antes de empezar, casi siempre repita la misma pregunta al atleta: «¿Qué estás dispuesto a hacer?» Porque tal vez así todo lo que venga después será más natural.

Kilómetro 3

«Tu primer rival es la distancia»

PABLO VILLALOBOS (Almendralejo, 1978)
2.12.21 en Sevilla 2011

El maratón, en realidad, acaba de empezar. El inicio no tiene por qué ser difícil. Aún hay tiempo de sobra para planificar la victoria o el fracaso. En el tercer kilómetro todavía hay margen para empezar de cero, aún es pronto para perder los nervios con una prueba que se hará larga y, seguramente, maravillosa. Al menos, esa es la declaración de intenciones de Pablo Villalobos, que se define como «un romántico» de esta distancia. Sabe de sus curvas peligrosas y de toda la fe que se necesita. Por eso no le gusta que «últimamente se hable del maratón y se haga sin miedo. Parece como si la gente le hubiese perdido el respeto». Y no se trata de que Pablo vaya contracorriente. Pero como atleta y entrenador de atletas, se niega a menospreciar la realidad. Por eso prefiere «glorificar el maratón, priorizar su misterio, su memoria, su literatura de cien años». Quizá porque en el fondo se trata de un desafío líder, en el que Villalobos admite que «el porcentaje de éxito pocas veces supera el 50%». Y añade: «Tu primer rival es la distancia.» Y entonces pone de ejemplo sus años de atleta y todas esas carreras de 5.000 y 10.000 en las que la vida era más cómoda. «La estrategia no fallaba casi nunca: tú hacías un entrenamiento de tres o cuatro series de 2.000 a ritmo de competición y prácticamente ya habías cubierto la distancia de la carrera. Sin embargo, en el maratón nunca puedes hacer un entrenamiento que se acerque a los 42 kilómetros.» Y son esas dudas, imperiales, las que preparan una cuidadosa conversación con Pablo Villalobos que arranca a partir de una pregunta vieja y casi filosófica: «¿Por qué no adaptas tus objetivos a tus circunstancias?»

En realidad, Villalobos está diciendo que en el maratón hay que olvidarse de la vanidad y que, a veces, lo más inteligente es firmar un empate. Los suicidas pasaron de moda, sobre todo en una distancia que ofrece tan pocas posibilidades de rectificar. «La semana pasada, antes del maratón de Barcelona, hablaba con uno de mis atletas. El hombre no sabía qué hacer en la carrera, no sabía que ritmo elegir. Había tenido mala suerte. La última semana había tenido un catarro muy fuerte que lo alejaba de su mejor condición. Entonces quería saber mi consejo. Me preguntaba lo que haría yo y le pedí que adaptase su ritmo a un objetivo menor: decirlo es fácil; escucharlo es difícil.» Pero Villalobos intentó ser lo más realista posible. «Sé lo que cuesta sacrificar tus expectativas antes de un maratón. Sé lo que significa su preparación. Sé lo que significan todas esas esperanzas, todos esos entrenamientos y todos esos días; pero también sé que la inteligencia es importante y que el maratón te la va a pedir en cualquier kilómetro. Yo no concibo un atleta que se ponga nervioso durante la prueba. Es más, el corredor lo debe llevar todo planificado, todo pensado, incluso las situaciones más adversas. Así te va a costar menos reponerte. Jugamos con la ventaja del entrenamiento, que nos prepara y nos ayuda a reconocer el grado de fatiga que llevamos.» Villalobos no es un gran experto en maratón. «Sólo he corrido cuatro en mi vida.» Pero de esas cuatro veces salió «orgulloso con las decisiones» que adoptó en carrera. No permitió que las emociones lo bloqueasen. Ni siquiera en un escenario tan patriótico como el Europeo de Barcelona 2010, donde estuvo demasiado cerca de los primeros. «Supe elegir el ritmo. Supe escuchar mis sensaciones. Supe lo que debía hacer.» Fue, en realidad, el atleta que había previsto. «Yo creo tanto en la cabeza que debo utilizarla en carrera.» Hace una ecuación: «¿Qué herramienta mejor que mi cabeza para anticiparse a lo que me puede pasar?» Luego, admite una responsabilidad natural: «Uno, como atleta, tiene el deber de averiguar si ese día te va a acompañar el cuerpo, de procesar esa información, de proteger tu esfuerzo.»

La conversación con Pablo Villalobos admite otras posibilidades. Siendo entrenador nacional, no se entrena a sí mismo. «No sería posible», rebate. «No me imagino mi vida atlética sin un entrenador. ¿Qué pasa cuando surgen las dudas? Prefiero compartir esa responsabilidad. Una visión externa es esencial para darte seguridad y tomar decisiones.» En realidad, Villalobos apela al día a día. «Hay que aprender para mejorar.» Y no se separa de esa idea. «También hay que ver las posibilidades que tenemos cada uno. En ese sentido, creo que los maratonianos profesionales siempre tenemos cierta ventaja respecto a los aficionados. Sobre todo, en los maratones en los que salimos a por marca. Si por lo que sea pasas la media en 1.07, sabes que ese día ya no hay nada que hacer y no te importa poner pie en tierra en el kilómetro 25. Sabes que es lo más valioso y te reservas un cartucho para dentro de quince o veinte días. Pero, claro, ¿cómo le vas a decir eso a un aficionado que, a lo mejor, se ha desplazado a Nueva York, a Rotterdam o a Berlín? ¿Va a volver a organizar otro viaje dentro de dos semanas? ¿Va a tener, incluso, días de permiso en su trabajo?» Por eso Villalobos habla continuamente de «la ideología del maratón». Ni siquiera le importa ser repetitivo. «Creo que llevo razón e, incluso, puedo ir más allá. ¿Qué pasa con nosotros, los maratonianos profesionales, en un gran campeonato? Entonces es totalmente diferente. Puedo poner mi ejemplo en el Mundial de Daegu 2011. Supe, desde el inicio, que ese no iba a ser mi día. Pero no podía dejarlo. Tenía que cubrir la distancia. Sufrí demasiado en los últimos cuatro kilómetros, pero en una prueba así no puedes retirarte. No sabes cuándo vas a volver, no sabes siquiera si volverás. De hecho, yo todavía no he vuelto y en medio me he perdido la posibilidad de participar en el maratón de unos Juegos Olímpicos; pero, claro, ese es el precio del maratón, una prueba que rara vez te lo va a poner fácil tengas el nivel que tengas.»

No hay más que imaginar el caso de Pablo Villalobos. Casi 18 meses después del Mundial de Daegu, que fue cuando hablé con él, no había vuelto a correr ningún maratón. Quería, pero no podía. Las lesiones habían impedido su puesta a punto «y no tiene sentido correr así» en una distancia tan larga. Naturalmente, era duro, porque nunca fue fácil ver cómo se escapan los años. Es más, es posible que la confianza se pueda recuperar algún día, pero el tiempo perdido no se recupera jamás. Aun así, Pablo tampoco le encontraba sentido a fustigarse. «Cuando uno está lesionado, pasas momentos malos: ves como tus compañeros entrenan, compiten, viajan y hasta disfrutan con lo que hacen…, y uno es de carne y hueso. Miras a tu alrededor y ves que no puedes.» Pero Villalobos había encontrado la forma de aislarse, que era la de convertirse en su propia referencia. Quizá fuese la consecuencia del hombre que casi nunca para de inventar con una inquietud que recorre el mundo. Ha estudiado Ciencias del Deporte, ha sido redactor de prensa, colaborador en radio y ahora trabaja en la consultoría deportiva. «Siempre me recuerdo estar haciendo algo aparte del deporte.» Todo eso le ayuda a ser como es, a confiar en el futuro y a demostrarse que el pasado lleva razón. Pablo Villalobos fue quinto en el maratón del Europeo de Barcelona 2010 cuando la salud le acompañó. ¿Por qué desconfiar entonces de lo que ayer sí fue posible? ¿Por qué no soñar con un maravilloso regreso en el maratón de San Sebastián?

Kilómetro 4

«El entrenamiento te va a dar seguridad»

José Manuel García (León, 1967)
2.08.40 en Tokio 1998

José Manuel García jamás desconfió de su trabajo. José Manuel no fue un atleta supersticioso ni miedoso ni pesimista siquiera. Fue, sobre todo, un hombre de cross que, desde la categoría *junior*, participó en trece mundiales en campo a través y que luego supo, antes de que fuese tarde, reciclarse en el maratón. Llegó a correr en Tokio en 2.08.40, pero, sobre todo, pasó al recuerdo por ser uno de los componentes del equipo de maratón que logró el Premio Príncipe de Asturias en el Mundial de Atenas de 1997. Hoy, José Manuel apenas corre, pero cada vez que entra en el salón de su casa en León se acuerda de ese premio, enmarcado y ubicado en la pared central. Y, aunque no todos los días admiten la nostalgia, hoy sí. Hoy, en realidad, es un día distinto en el que pido a José Manuel García que recuerde aquel caluroso verano en Atenas, la cuna del maratón, la agonía casi inhumana, ¿acaso uno puede ser persona en esas circunstancias? «Bueno, es que en el maratón la agonía la tienes casi asegurada», replica. «Son demasiados kilómetros en los que pueden pasar demasiadas cosas. La única manera de tener una cierta defensa es el entrenamiento. Por eso no me importaba que casi ninguna de mis semanas bajase de los 200 kilómetros. Sabía que eso era lo único que me podía ayudar a manejar con seguridad los últimos kilómetros de un maratón.»

Pero aquella vez en Atenas fue diferente a todo. José Manuel García ni siquiera necesita esforzar la memoria para recordar un día que fue casi imposible. «Hizo un calor tremendo y yo no soy un hombre de calor. Y, sobre todo, recuerdo que bebía en un avituallamiento y al momento soñaba con que llegase el siguiente. En realidad, el maratón se me hizo eterno. En el kilómetro 25 ya iba deshidratado… ¡y quedaban 17!» Fue una crónica dura de admitir, pero realista. «Me expuse a lo peor y lo peor llegó a falta de cuatro kilómetros en el túnel antes de entrar en Atenas. Vi entonces a un africano tirado en la acera y entonces me pregunté: "¿qué haces, José Manuel: te quedas con él o sigues adelante?" Y decidí seguir y entonces me prometí a mí mismo que ya no me pararía más. No pensé en ninguna otra cosa, no quería, no tenía ni fuerzas para pensar. Es más, si lo hacía, no seguía.» Pero siguió. Y el tiempo se lo agradeció con una herencia inolvidable. «¿Quién me iba a decir a mí que, meses después, ese esfuerzo se iba a recompensar con un Premio Príncipe de Asturias? Fue tan increíble que todavía me emociona contarlo.» Quizá porque fue un éxito que nació de la pena, de la humildad. «En realidad, el maratón es una prueba inclasificable, corta y larga a la vez: tú sales con los depósitos cargados con la esperanza de que no se agoten nunca; pero eso no puede ser porque en las dos o tres horas que dura la carrera no puedes alimentarte. No es como en el ciclismo, donde cada hora y cuarto tomas una barrita energética, un gel, un plátano, o lo que sea, que te repone. En el maratón, no; no existe esa posibilidad. Ojalá se pudiese, pero entonces el estómago se convertiría en una jungla. Los problemas digestivos no nos dejarían ni llegar al kilómetro 35.»

Hace años que José Manuel García, de 47, ya dejó de correr habitualmente. «Y no fue por voluntad propia». Fue el desgaste de cartílago, casi artrosis, que presenta su rodilla izquierda lo que ya le impide machacarse tanto, como antes, por los pinares de El Rabizo o del Campo Sagrado, en las proximidades de La Robla (León). Pero las dificultades físicas no han disminuido su tentación por las hazañas deportivas. Ahora, hace mucha bicicleta de montaña, que es otra manera de apasionarse. «He participado tres veces en la Quenbrantahuesos.» Tiene por ahora una marca personal de 6 horas y 2 minutos que complacen de sobra a un hombre que jamás se separará del maratoniano que fue, curtido en los inviernos heladores de su tierra, donde la nieve subía por encima de los tobillos. «Yo fui un hombre muy regular y, sobre todo, de kilometrajes altos. Tenía esa costumbre, porque el cross lo exigía.» Aguantó sin faltar a la verdad. «Más allá, de una operación de los isquiotibiales, casi nunca tuve ningún problema y eso es poco para todo lo que hice.» De hecho, una vez retirado de la élite, sigue sin tener problemas. «La única pega es la rodilla izquierda que, si me paso de entrenar, enseguida me recuerda que no está sana. El resto de mi cuerpo está intacto. Por lo tanto, no puedo decir que el maratón sea tan malo ni tan inhumano, como he escuchado alguna vez. Otra cosa es que puedas hacer esta carrera durante veinte años.» José Manuel buscó refugio en la bicicleta. Y lo encontró. «Los maratonianos siempre deberíamos tener un plan B. Sabemos que hacemos una prueba posible, pero agresiva para nuestras articulaciones.» De ahí la prudencia («nunca se sabe lo que puede pasar») y el deber de disfrutar de cada momento. «Parece una simpleza decir esto, pero es que la vida es así. Máxime cuando estás haciendo algo que realmente te complace.» Y pone su ejemplo en la Quebrantahuesos, 205 kilómetros en los Pirineos, en los que se suben en bicicleta puertos tan duros como el Col de Marie-Blanque, Somport o el Portalet. Y entonces José Manuel García ya no es ese atleta de élite que competía con los primeros. «No, no, qué va», explica. «Yo soy uno más que lucha por el placer del desafío, como puede ocurrir con cualquier maratoniano aficionado, y en la soledad te das más cuenta, si cabe, de la grandeza de los desafíos que se plantea uno mismo.»

Al fondo queda el pasado cuando vivió por y para el atletismo. «Me adapté a la retirada. Sabía que no podía ser un atleta de élite toda la vida.» Y, por encima de todo, hoy parece un hombre feliz, laboral fijo en el Ayuntamiento de La Robla (León), donde es el encargado de los servicios deportivos. «Trabajo mucho con niños.» Y todo eso respalda a un hombre que, si pudiera, no lo dudaría. «Volvería a correr maratón.» Sería entonces uno de los nuestros, sin esas exigencias brutales de la élite. «Mi preparación sería ordenada, porque el maratón te lo pide: vas a enfrentarte a 42,195 kilómetros, pero, naturalmente, no sería tan exigente. Me adaptaría a mis horas libres y a mis ritmos actuales.» Es la palabra de un hombre sencillo, capaz de relativizarlo todo. «Si realmente el maratón fuese inhumano, no lo correría nadie. Y no es el caso. Otra cosa es que sea difícil, pero ¿acaso el resto de la vida es fácil? La gente tiene que luchar mucho para conseguir lo que busca.» La clave está en encontrar los medios que faciliten la tarea, así que atentos al siguiente kilómetro, el número 5, en el que aparece el entrenador Antonio Serrano, ese hombre que una vez dijo a un atleta que no sabía como actuar: «Se trata de orientar la vela hasta que el viento la empuje.»

Kilómetro 5

«Yo aconsejo, pero el atleta decide»

Antonio Serrano (La Solana, 1965)
Entrenador y exmaratoniano
2.09.31 en Berlín 1994

Antonio Serrano, efectivamente, es un hombre gobernado por el atletismo y por una profesión, la de entrenar atletas, que adora. «Trabajas mañana, tarde y noche, pero aun así nunca es suficiente. Necesitas tener toda la información posible de los corredores.» La prueba está en su vida. Ahora mismo, cuando hablo con él, está preparando el equipaje para Rotterdam, donde una de sus atletas, Alessandra Aguilar, va a desafiar en un par de días el récord nacional de maratón. Y no es que Serrano tenga que estar allí, es que quiere estar allí. Hay una parte del viaje que pagará él, pero el entrenador interpreta esta profesión como algo más que un negocio. La motivación también está en el esfuerzo, en la pasión o en la vocación: «No sé lo que pasará, pero tenemos motivos para pensar que Alessandra esta vez puede lograr el objetivo. Se ha sentido muy a gusto, ha entrenado demasiado bien y, en definitiva, ha dado argumentos.» Sin embargo, en una carrera tan inconformista como el maratón, Serrano ya no pronostica nada: «Es muy difícil de controlar por una razón: en proporción a las demás, es la que menos se entrena de todas, porque nunca se llega a correr la distancia que vas a competir. Al menos, yo no conozco a nadie que entrene 42 kilómetros seguidos.» Su caso fue un ejemplo verdadero:

«Jamás superé los 29 y a veces claro que me preguntaba qué podía pasar en los 13 restantes. Pero hay que aprender a vencer esa duda.» Y puede ir más lejos: «Hay atletas aficionados que se atreven con el maratón con 60 kilómetros semanales.»

Su relación con esta distancia nació en 1994 cuando se convirtió en el primer español que bajó de las 2 horas y 10 minutos. Pero desde entonces la psicología del entrenamiento ha cambiado tanto que «la comparación entre ayer y hoy ya no es necesaria». Sus métodos tampoco son los que eran, aunque no va a detallarlos ahora, porque «cada atleta asimila el trabajo de una manera», lo que siempre impide generalizar. «Sí puedo recordar mi caso. A los 37 años, entrenaba a un ritmo que a los demás les parecía muy lento y, sin embargo, en competición respondía mejor que atletas que entrenaban mucho más rápido que yo.» Desde entonces, aprendió a esperar: «Antes de aconsejar a un corredor, necesito conocerlo.» Un proceso con el que se ha solidarizado totalmente: «Yo siempre digo al atleta que me pregunta: "Antonio, ¿por qué has dejado de competir con lo fino que estás?" que, en realidad, no se equivoquen, yo soy el que más compito de todos. Me proyecto en la competición de todos mis atletas. Necesito que me cuenten, necesito preguntarles, necesito, incluso, ver cómo llegan a meta.» De ahí que la mayoría de sus domingos por la mañana estén ocupados por viajes y competiciones: «Cualquier detalle me puede valer para sacar conclusiones o para acercarme a lo que ese atleta necesita. Mi trabajo es entrenar, ya no es correr.» El pasado está vencido: «¿Qué pinto yo ahora en una competición?», se pregunta. «No conozco a ningún buen entrenador del mundo que se dedique a competir. No voy a ser yo la excepción. Además, los atletas invierten un dinero en mí para que mejore sus posibilidades, no para que cuide las mías.»

Como entrenador, Serrano procura ser «un hombre sorprendente, porque de lo contrario mi trabajo sería un taladro. Y eso sería un peligro para todos, para mí y para ellos». Así que no deja de leer ni un solo día, porque «la renovación es constante. De hecho, los métodos que yo aplico hoy como entrenador no tienen nada que ver con los de ayer». Casi nunca anuncia a sus atletas las series que van a realizar al día siguiente y a veces espera «hasta después de terminar el calentamiento.

Se trata de que el atleta mantenga la tensión. Yo lo aprendí de Martín Velasco, que fue un entrenador que me marcó para siempre. Era un hombre que te enseñaba a conocerte, que sólo se ofuscaba si tú te ofuscabas». Serrano quiere suponer que él es «un hombre tolerante» cuyo mensaje sólo se rinde ante la lógica: «A menudo, les digo a mis atletas: "Chicos, yo estoy aquí para que os aprovechéis de mi experiencia."» Fueron muchos los años que Antonio duró de atleta. Antes de pasar al maratón, hizo los deberes en la pista, donde llegó a ser olímpico en Seúl 88 y en Barcelona 92. Aprendió entonces «a revitalizar el éxito y a no asustarse frente al fracaso». Todas esas ideas están integradas en su discurso, donde la motivación y la velocidad permanecen unidas. A veces, recurre a ejemplos como aquella vez en la que leyó una maravillosa entrevista con Bob Bowman, el entrenador del nadador Michael Phelps, que en los Juegos Olímpicos de Pekín aspiraba a batir los siete oros de Mark Spìtz en Múnich 72. Su preparador contó detalles cruciales como esa vez en la que leyó a un entrenador australiano, Don Talbot, decir que la hazaña que el nadador pretendía en Pekín era «casi imposible». Lejos de hacerle dudar, Michael pegó aquel recorte de prensa en su taquilla y cada día peleaba contra él: «En caso de que necesite ponerme las pilas esas mañanas en las que estoy vago, el artículo me viene genial.» ¿Acaso hay una forma mejor que ésa para representar la motivación? Juzguen ustedes.

Ahora bien, no es habitual que Serrano dé una charla a su grupo entero de atletas, que supera los quince. «Sería absurdo», rebate. «A unos les faltan las palabras y a otros les sobran.» Por eso a menudo también recuerda a los corredores sus limitaciones como entrenador «Yo propongo unos ritmos, pero en última instancia debe ser el atleta el que decide como corre.» En ese sentido casi siempre está más pendiente de los más jovencitos, a los que recuerda cosas como que «el entrenamiento siempre es más fácil cuando se va detrás». Pero a partir de ahí hay algo que sigue sin depender de él. «Sé que hay corredores que escuchan y otros no tanto, depende del día y hasta del estado de ánimo; pero ahí ya entramos en un tema del que realmente se podría hacer otro libro: las limitaciones del entrenador.» Frente a ellas, no se enrabieta. «Hay que aceptarlas.» Su deber está en la sensatez:

«Yo propongo una ruta y si los atletas están conmigo es porque creen en ella. Naturalmente, éste es un deporte muy individual. Pero el que es inteligente no suele tener miedo. Quizá el ejemplo más claro haya sido el de Chema Martínez y De la Ossa cuando entrenaban juntos y no ocultaban nada, y luego podía darse el caso de que se jugasen la medalla de plata y bronce en un Europeo de 10.000. Y lo llevaban estupendamente. Los atletas deben aprender a convivir con estas cosas. No les va a quitar nada. En todo caso, les hará mejores.»

Los resultados son otra cosa. «Pero, en principio, mi misión está en convencer al atleta de que hay más posibilidades si realmente creo que las hay. Aquí no se va a engañar a nadie.» Antes de acabar esta conversación, Serrano ya ha terminado de preparar su equipaje con destino al maratón de Rotterdam. Allí, cree que los sueños de Alessandra Aguilar tienen razón. «Hemos fortalecido esa idea.» Durante meses se han supeditado a ella sin perder un solo detalle. «No podemos: la información es poder.» Luego, los resultados serán mejores o peores, «pero en el día a día siempre trabajamos la esperanza». Es la voz de Antonio Serrano, defensor a ultranza del entrenamiento en grupo, «lo que no significa que este entrenamiento sea perfecto. Claro que tiene defectos, porque no todos los atletas son capaces de interpretar el ritmo que necesitan cada día». Pero ante esas dificultades están las palabras del entrenador, que casi siempre recuerda que éste es un trabajo individual: «No quiero que nadie se frene por nadie». Otra idea capital sin la cual nada de lo que se hace tendría sentido: «El entrenamiento de hoy debe alimentar a todos...», insiste cada día para fortalecer ambiciones que difícilmente morirán como, por ejemplo, la de Chema Martínez, que hasta los 42 años ha ejercido como maratoniano de élite con la motivación del primer día. ¿Por qué no escucharle entonces? Allá vamos.

Kilómetro 6

«Cuando entreno en grupo, me canso menos»

CHEMA MARTÍNEZ (Madrid, 1971)
2.08.09 en Rotterdam 2003

Hace años tuve una conversación con Chema Martínez en la que me explicó por qué necesitaba un entrenador. Estaba en su última estación en la élite. Tenía 37 años y no había noche que no soñase con la medalla olímpica en los Juegos de Pekín. Tenía ese derecho. Tenía una disciplina optimista y un alto conocimiento del idioma del atletismo que, después de tantos años, le hubiesen permitido autoentrenarse. «Yo creo que podría hacerlo, claro que sí. Pero temo que si lo organizase yo solo, el plan de entrenamiento podría tener algún fallo, y esa duda no me dejaría vivir tranquilo». A su edad, un hombre tan organizado como aquel Chema Martínez era incapaz de dejar nada al azar. De alguna manera funcionaba como una empresa, en la que se respetaba todo hasta el último detalle. «Con el ritmo de vida que llevo es necesario. Hay veces que no puedo entrenar a la hora de los demás, porque a lo mejor tengo que llevar a mi hija al médico para que le pongan una vacuna o, simplemente, porque debo ir a recogerla al colegio. Por eso necesito un entrenador.» Y no había negociación posible. «Si fuera por mí mismo, temo que al final perdería la objetividad, no sabría hasta qué punto haría lo que debo. No quiero arriesgarme bajo ningún concepto. Tampoco deseo añadir una nueva preocupación. Mi vida entonces no estaría tan organizada.»

Aquel Chema era un hombre de una motivación insustituible. Su carrera podría estar ya felizmente triturada. Si los dioses descendiesen a la tierra, sin ninguna duda, le hubiesen concedido permiso para retirarse. Tenía la edad justa, el palmarés justo, el cariño justo. Lo tenía casi todo. Pero su cabeza todavía quería guerra. El día que se dirigió a Antonio Serrano para pedirle que le entrenase se mostró como un optimista enfermizo, «ya sabes, Antonio, que mi idea es ser campeón olímpico del maratón en los Juegos Olímpicos de Pekín». Se inspiraba en el ejemplo de Carlos Lopes, que ganó en unos Juegos de Los Angeles con casi 40 años. Pero la realidad es que Chema nunca lo consiguió, aunque sí fue el mejor europeo en esos Juegos de Pekín, en una carrera que se embaló hasta lo imperdonable. El calor no fue excusa. «Hubo kilómetros hasta la media maratón que salieron a 2.48 y que transformaron mi sueño en una pesadilla.» Pero ni siquiera, recién llegado del infierno, se agotaba la ambición de aquel Chema. De regreso a España, su cabeza produjo una nueva aspiración. «Quiero ser campeón de Europa de maratón en el verano de 2010.» Y entonces, sin los africanos de por medio, Chema logró una maravillosa plata europea con 39 años, como si fuese Carlos Lopes en los Juegos de Los Angeles 84, una de esas hazañas que no necesitan el permiso de la lógica.

Chema Martínez, en realidad, nunca fue un atleta al uso. Su pasado *junior* no fue importante. Por eso dio prioridad a los estudios «y en los veranos me dedicaba a ganar un dinero para pagarme la carrera». Jamás se olvidará de sus primeras 100.000 pesetas en el atletismo que le pagaron en el Canal de Isabel II. «Era el año 93.» Y después se enorgullece de lo que ha sido una biografía que siempre fue muy natural. «El primer año gané 500.000, el siguiente 700.000…, quiero decir que no me salté ninguna etapa, las respeté todas.» Pero a medida que se hizo mayor, cada vez tuvo mejores oportunidades. Nació en él un entusiasmo infinito que le impedía tomarse una cerveza, que le hacía devorar kilos de fruta cada día y que le permitía declarar cosas como éstas. «Si por mí fuese, estaría todo el día haciendo series.» La esclavitud no existía. Era un maratoniano de pura cepa, con todas las señales posibles. «Me gusta tanto esta vida que no quisiera que se acabase nunca.» Desde ese lado, se explicaba la longevidad del atleta que superó la frontera de los 40 años. «Yo sigo esforzándome para que esto dure lo más posible.» Pero entonces ya se sabía que había un precio con el que había que contar. «Me pongo a pensarlo y soy meticuloso, maniático... Creo que me he vuelto peor con los años. Es más, yo mismo me digo: "Chema, tú antes no eras así", pero es la vida la que me ha llevado por este camino.»

Cuando Antonio Serrano como entrenador recibió a ese atleta, de 37 años, no dudó un segundo: «En pista ya no se puede mejorar nada», le dijo, «y quizá ahí haya estado tu problema, Chema. Te gustaba tanto la pista que tardaste mucho en salir de ella. Pero otra cosa es si hablamos del maratón. Entonces lo importante es saber guardar los cartuchos». La realidad le dio la razón, sobre todo en el verano de 2010 en el calurosísimo maratón del Europeo de Barcelona. Entonces sólo hubo un hombre, el suizo Viktor Rothlin, que impidió el oro de Chema, que tuvo tiempo para recoger la bandera de España antes de entrar en la meta. Tenía 39 años y llevaba ocho o nueve, es imposible acordarse, sin probar el alcohol. Pero aquella noche sí se tomó alguna cerveza para celebrar lo que ni se atrevía a soñar hace diez años. Entonces ya fue campeón de Europa de 10.000 en el Europeo de Múnich, en una maravillosa final que no se atreve a olvidar, sobre todo aquella última vuelta a la pista en 57 segundos. Pero eso era el pasado. El día que se dirigió a Serrano, Chema ya era un atleta distinto. Su discurso hizo la radiografía del maratoniano perfecto. «Sabes que soy muy duro, que nunca discuto, que me encanta hacer entrenamientos infernales y que si me pones treinta kilómetros, voy a hacer treinta. Y si son veinte, veinte. Y sabes de sobra que no te voy a fallar», insistió.

A cambio, Chema recibió la contraprestación de entrenar casi todos los días en grupo. Un hombre como él, acostumbrado durante tantos años a la soledad, lo agradeció de veras. «Hacer 15 kilómetros en solitario, a los ritmos a los que entrenamos nosotros, es una salvajada.» Por eso rara vez echa de menos aquellos años sin compañía. «Hay gente que se cree que si tienes un rodaje lo importante es hacerlo, da igual que lo hagas solo o acompañado, pero, en realidad, no tiene nada que ver. No suma lo mismo. Si vas en grupo, si durante unos kilómetros se te pone un compañero delante que te acorta el viento, es como si entrenases en limusina. Yo siempre se lo decía a Higuero, entre otras razones porque el pulsómetro me demostraba que mi corazón ahorraba dos latidos con lo que se cansaba menos. Veía, incluso, que mis piernas retrasaban la aparición del ácido láctico.» Pero esto es algo que también se demuestra en la pista. «Sí, yo lo veo los días que tengo series. Igual me toca hacer 3 × 4.000. Pues bien, el hecho de tener un compañero que se ofrezca a tirarme el primer 1.000 en cada serie me libera muchísimo. Y eso que yo soy como un reloj. Si mi entrenador me dice: "Chema, hoy vas a ir a 3.02", lo clavo con una precisión casi absoluta. Es un mecanismo que tiene mi cuerpo y que a veces me asusta. Si en el resto de mi vida tuviese esa exactitud…»

Aquel Chema, en realidad, siempre fue el atleta idóneo. Sólo pedía, a diferencia de lo que suele ocurrir con el maratoniano, «objetivos a corto plazo para mantenerse enganchado». El entrenador lo entendió rápido. Tenía, además, un enorme poder de recuperación entre las competiciones para su edad. Podía bajar de 30 minutos en 10.000 en cualquier época del año. «A los 37 o 38 años, por ejemplo, tenía una capacidad de recuperación inmensa», explica Serrano. «Yo me retiré de la élite a los 34 y no tenía esa facilidad.» Pero esa era otra de las propiedades de Chema Martínez. Un hombre que vivía en una concentración permanente y, es más, le gustaba vivir así. Salía a correr hasta con fiebre. Dormía cuatro o cinco meses al año en la cámara hiperbárica que se compró para simular los efectos de la altitud. En realidad, Chema vivía con un radar en los ojos. «Desde la noche antes ya preparaba los entrenamientos y, si sabía que íbamos a hacer distancias más cortas, igual desayunaba más proteínas». Todo eso me lo contó en una vieja conversación en la que no aceptaba limitaciones para sus sueños. Sólo había una condición, un mensaje que se repetía a diario en su vida («a mi edad, ya no se puede malgastar ningún cartucho») y que hoy, con 42 años, ya es diferente. Todavía se apunta al fuego Chema Martínez que, un año después, ha conseguido volver a terminar un maratón, aunque ya nada sea como fue. Aún tiene algo más que decir, aún corre por algo más que por placer, pero su cuerpo ya no le engaña. Su cuerpo ya sabe que no puede empezar el maratón tan rápido como antes. De ahí que Chema no sienta ninguna ofensa por correr un poco más despacio. Sólo hay que saber admitirlo.

Kilómetro 7

«Con los años, ya no necesitas entrenar tanto»

Jesús Ángel García Bragado (Madrid, 1969)
2.47.40 en Nueva York 2009

«Hay que ser selectivo y poner prioridades siempre». La declaración corresponde a un hombre que compara su cuerpo con «un coche de muchos años y que, pese a todo, no está mal de motor». Pero eso no significa que pueda exigir a diario a ese cuerpo tanto como en otras épocas. Sería absurdo. Hubo tiempos en los que el atleta fue un verdadero terremoto que no renunciaba a nada ni antes ni después de las carreras. Su vida estaba en los aeropuertos. «Yo iba a competir a Méjico y a la semana siguiente a China y no me cansaba. Recuerdo, incluso, que en un mismo mes corrí dos pruebas de 50 kilómetros marcha, algo que ahora sería una barbaridad.» El protagonista de este relato es Jesús Ángel García Bragado. Un atleta de 44 años que logró el oro mundial en Sttutgart 1993 y que aún no encuentra fecha de caducidad. Vigésimo clasificado y mejor español en los Juegos de Londres 2012, donde la espalda no le dejó maniobrar más, se siente convencido de que si llega a Río de Janeiro 2016 «mejorará esa posición, sin problema». Hay, por lo tanto, algo capaz de mitificar sin excusas a este hombre, que ha participado en seis Juegos, que jamás se quedó tan cerca de la medalla olímpica como en Pekín 2008, cuarto clasificado, y que, naturalmente, se clasifica a sí mismo como «un hombre de larga distancia».

Es posible, incluso, que se pregunten ustedes qué hace García Bragado en un libro de maratón. Pero he de confesarles que hay motivo. De hecho, cuando cumplió 40 años, Bragado lo celebró corriendo el maratón de Nueva York, porque «era una ciudad que me fascinaba desde niño y, como las fechas coincidían con las del maratón, decidí correrlo». Sin opositar a las primeras plazas, tampoco fue de paseo. «Busqué la información necesaria para prepararme. Contacté con Juan Carlos Granado, el entrenador de Mayte Martínez o Rafa Iglesias, que me aconsejó como hacerlo.» Siguió tres meses de una preparación metódica, «con una media de 20 o 25 kilómetros diarios» en la que los sábados llegaba a hacer «10 series de 1.000 al 115% respecto al ritmo que pretendía en la competición». Su idea fue la de hacer el maratón a cuatro minutos por kilómetro, cosa que cumplió en un trazado como el de Nueva York, que le pareció descaradamente duro. «Hay mucho desnivel. Cruzas puentes que son verdaderos toboganes, que no se parecen en nada a los que hay en España y que te dejan muy machacado muscularmente.» Al día siguiente del maratón, Bragado recuerda que tenía que «bajar las escaleras marcha atrás», aunque, en realidad, eso no es tan novedoso: forma parte de la lógica del maratoniano. Una clase de hombre con la que él se siente «totalmente identificado», porque le apasiona esta distancia. «De hecho, quiero que el maratón sea mi siguiente estación una vez que deje la competición de élite en marcha.» La pregunta es cuándo, pero no se trata de una pregunta que ahora desorganice al atleta. «Yo he sido un gran impaciente, pero creo que con el tiempo me he serenado. He aprendido a esperar, a que sea el tiempo el que me diga o me deje de decir. Y, por el momento, me sobran los motivos para continuar en los 50 kilómetros marcha. No soy el que fui, pero, de momento, en España no ha aparecido nadie que me supere. Es una verdad que está ahí y que se ha demostrado en el último Mundial de Moscú 2013.»

La conversión con Bragado quizá sea un tesoro para el atleta veterano de larga distancia. Operado de las dos caderas, su cuerpo registra los impactos lógicos de la edad. «Casi siempre cuando terminó de entrenar hay algo que se me resiente: la espalda, la ciática…» Pero ya no se asusta: «He comprendido que los dolores forman parte de mí, incluso también las lesiones. Al principio, no sabía cómo aprovechar el tiempo en el que no podía entrenar, pero hace tiempo que superé ese problema.» Jamás volverá a incurrir en él. «La primera vez que me operé la cadera recuerdo que me precipité al volver demasiado rápido.» Otras veces fue su carácter demasiado obstinado. «En una competición en Méjico me rompí el abductor, y eso que el cuerpo no hacía más que mandarme señales, pero no quise escucharle. Seguí y seguí hasta que me rompí por cabezota.» Por eso eligió ese momento de su vida para cambiar. «Hace tiempo que entreno menos de lo que me gustaría, pero mi cuerpo ya no permite otra cosa. Si me paso tendría que estar cambiando constantemente las piezas de mi motor y ya no sé si algunas tendrían recambio.» Así que, por ejemplo, ahora trabaja muchas horas en la piscina para proteger a su espalda que, «debido a los impactos», se siente muy castigada. De hecho, fue lo que le impidió hacer mejores cosas en los 50 kilómetros marcha de Londres 2012. «Acabé y empecé con dolor.» Pero con casi 44 años, Bragado ya no desafía las prioridades de la vida. «He pasado por dos operaciones en las que me di cuenta en primera persona que la salud es lo primero. Sin ella, difícilmente se puede hacer lo que deseas.»

Quizá por eso Bragado cambió a tiempo. Se convirtió en el jefe de estudios de sí mismo. Supo jugar otras cartas en las competiciones como ese día en el que descubrió que «ya no podía empezar las carreras al ritmo de los mejores». Y no le gustó, claro que no le gustó, pero obrando de esa manera se quedó cuarto, a un suspiro de la medalla, en los Juegos de Pekín 2008. Tenía entonces 39 años. Tenía que ser fiel a sí mismo. «Llega un momento en la vida en el que debes aceptarte tal y como eres.» Y, en realidad, no le ha sido tan difícil. Su vida casi siempre fue así. «Cuando preparaba las competiciones de 50 kilómetros marcha en 1992 ya me dolía todo y tenía veinte años.» Pero entonces arrastraba la misma vocación que ahora. «Me gustan los entrenamientos largos, porque siempre me dieron seguridad en carrera.» Hijo de taxista, Bragado no ha cambiado en veinte años comprometido siempre con su espíritu de ultrafondista. Casi a los 44 años, no se siente saciado ni él ni la marca que le patrocina, que, antes de los Juegos de Londres, le llenó de tentaciones. «Me mandó zapatillas para seguir entrenando hasta los Juegos Olímpicos de Madrid, aunque se celebrasen en 2028.» Así que cualquiera sabe lo que puede pasar con Jesús Ángel García Bragado, que no sabe si la motivación hace milagros. «No me gustan las frases hechas, pero lo que está claro es que yo ya no me puedo quejar de falta de experiencia.» No se considera tampoco un viejo dinosaurio que planea el día de su retirada de la élite como un merecido descanso. Al contrario: Bragado ya se ha fijado «en los maratones de Boston, Chicago, Londres...» para repetir la soberana experiencia de Nueva York. «Me dejó marcado y es evidente que quiero repetir. Es difícil conformarse con un solo maratón. Los que hayan corrido esta distancia seguro que lo entienden.» Incluso hace sus previsiones de marca, retrato clarísimo de maratoniano vocacional al que todavía se le pone la carne de gallina cuando escucha la canción de *Carros de fuego*. Asegura que algún día podría estar en el maratón «en torno a las 2 horas y 36 minutos». Se conoce demasiado bien como para equivocarse y no tiene problemas para aceptarse. «Antes era capaz de hacer un entrenamiento de 30 kilómetros por la mañana y por la tarde ir de compras.» Hoy ya no y no se ofende por ello, quizá porque encontró un «plan B» para su vida de atleta. No lo duda que ese plan «será el maratón». Y, aunque ya no peleará por las medallas, seguirá diciendo lo de siempre: «Hay que ser selectivo y poner prioridades para equivocarse lo menos posible.» El caso es conocerlas y escucharlas como ahora hace él, un hombre que aprendió a ir de menos a más. Así que no le importa que en estos primeros kilómetros el grupo de cabeza se aleje de él. Las carreras casi nunca se pierden al principio. Aún menos en el kilómetro 7, en el que es demasiado pronto para anticiparse al futuro. Aún queda mucha energía que invertir en la carretera, demasiado que decir, demasiado que escribir...

Kilómetro 8

«Sólo te sientes bien cuando corres»

NACHO CÁCERES (Barcelona, 1976)
2.11.58 en Rotterdam 2012

A los 37 años, Nacho Cáceres ya no se asusta por los impulsos. Aún menos en el kilómetro 8 del maratón, en el que la angustia no vale la pena. Su biografía de atleta ya tiene callo. Ha pasado por demasiadas estaciones en las que consiguió lo más importante. «No tengo nada que reprocharme.» Ha procurado ser un hombre feliz. Ha aceptado responsabilidades altas. Ha sido olímpico en el maratón de los Juegos de Londres, donde formó parte de la clase media. Fue el 31º clasificado de los 105 corredores que salieron de The Mall, en un escenario prodigioso, junto al Palacio de Buckingham. Fue una maravillosa recompensa para un atleta que no se oculta nunca. Pero ni siquiera la poesía de ese día le permite dedicarse en exclusiva al maratón. «Ahora mismo no puede ser», admite. «Necesito otra fuente de ingresos y trabajo a media jornada en una tienda de deportes de Barcelona.» También entrena a un grupo de corredores, algunos de ellos novatos, que a veces le preguntan si el maratón es tan duro como imaginan. «No tiene por qué», rebate. «Es como un viaje, cuya comodidad o no depende del objetivo de tiempo que uno se marque. Yo he realizado maratones acompañando a otro atleta que me han resultado los más cómodos del mundo.» Pero si se sitúa en el recuerdo de Londres entonces cambia todo. «Traté de no renunciar a nada hasta cruzar la meta, y eso es duro.» La crónica de trabajo, que precedió a ese día, descubre su voluntad. «Llegué a hacer entrenamientos de 3 × 6.000 acabando a 2.58 el kilómetro y, por supuesto, me acostumbré a rebasar los 200 semanales. Es el precio de ser atleta de élite que yo tengo claramente asimilado en mi vida.» Pero ni siquiera ese kilometraje le libra del muro en el maratón, de ese espacio de tiempo que Cáceres juzga como un gran chantaje emocional. «Roza tus límites, el cuerpo te dice "basta", pero la cabeza te pide que sigas, que cierres los ojos y que te dejes el alma en la carretera.» Seguramente por ese afán del maratoniano en desbaratar lo imposible. La propia biografía de Nacho Cáceres es un ejemplo: un atleta voluntarioso, nacido para esto, que posiblemente haya sido «más impulsivo» de lo que aconseja una distancia que, en realidad, puede ser muy vengativa.

«Siempre me acordaré del maratón del Europeo de Barcelona. Se corría en mi ciudad y la cuota de emotividad era enorme; pero fallé. No supe estar por encima de ella. Así que opté por un ritmo más fuerte de lo que debía. Fue una locura por mi parte. Fue una falta de respecto con esta distancia en un día de un calor angustioso. En realidad, prefiero ni recordarlo. Me dejó marcado para siempre. Acabé haciendo eses en la carretera. Perdí totalmente el sentido de la orientación.» Las consecuencias fueron necesarias. «Tuve que parar durante un mes entero. Me convencí a mí mismo, "deja de competir, descansa, no te obligues", porque no me quedaba otro remedio». A pesar del desliz, Cáceres aprendió a perdonar al maratón. Fue una buena solución «para que el cuerpo se regenerase». Desde entonces, no negocia la prudencia por nada. «Ahora, yo recomiendo muchas cosas que son justamente las contrarias de las que he hecho, porque el maratón es así. Cada uno que corres te enseña algo nuevo que desconocías. Cada maratón es una fuente de aprendizaje insaciable. Es como una clase práctica. Nunca se termina de aprender. Llegas, incluso, a convencerte con el tiempo de algo que al principio te parecía imposible: entrenando menos puedes rendir más.» Licenciado en Magisterio, en la rama de Educación Física, Cáceres apela al precio de la lógica en el que las prisas siempre tienen su merecido. «No nos podemos engañar: el maratón necesita que uno realmente se conozca a sí mismo. Y eso, que es fácil de decir, no es tan fácil de hacer. Yo tengo 37 años, llevo toda la vida corriendo y todavía creo que no me conozco completamente. Por lo tanto, no me puedo considerar un ejemplo. Sólo me atrevo a contar lo que he vivido en primera persona. Tengo experiencia. Llevo muchos años tratando con el maratón. Y si eso sirve para ayudar a los demás, me alegro.»

Cáceres acepta que en esta distancia ha compartido ratos muy felices, días imborrables. «Que no lo dude nadie: esta prueba tiene algo de vocacional tanto para mí, que he hecho 2 horas 11 minutos, como para el que hace cuatro horas. De lo contrario, ¿cómo vamos a hacer frente a todos los sacrificios que nos impone?» Sin ser extremista, Nacho Cáceres se sitúa en su crónica diaria. «Tengo dos hijas de siete años, una edad maravillosa, y sé que el tiempo que pierda con ellas no lo recuperaré jamás.» Por eso su ideología como maratoniano se ha suavizado. «Hace unos años era tremendo. Me hice a una rutina y todo lo que se saliese de ella me molestaba. No era fácil convivir conmigo: yo lo justificaba porque siempre estaba cansado, pero ahora he aprendido que el cansancio crónico forma parte del atleta que prepara maratón y que, en realidad, sólo te sientes bien cuando corres.» Ha dejado de ser tan radical en sus planteamientos. Se ha convencido a sí mismo de que «esta vida no será así siempre» y de que ahora seguramente sea «un privilegiado». De ahí que casi siempre se instale en el optimismo. «He aprendido a convivir con esta vida y, más o menos, me he relajado. Sigo aceptando la dureza del maratón, porque 42 kilómetros necesitan mucha preparación, pero ya no soy tan intransigente. La edad me ha calmado y, entre otras cosas, me ha enseñado a reservar energías para el día de la prueba.» Otra cosa es que los datos sean los que son. «Para mí, puede llegar un fin de semana y ver que entre viernes, sábado y domingo tengo que hacer 110 kilómetros. Me puedo ver entrenando perfectamente un sábado por la tarde. De alguna manera el mío es un caso extremo, porque busco el máximo rendimiento, pero no hace falta que sea yo el que recuerde los sacrificios de los maratonianos, sean de la categoría que sean. Por eso, a veces, llega ese momento en el que hay que poner todo en una balanza y ver lo que compensa y lo que no.» Es la idea que le queda a Nacho Cáceres, un hombre que se motiva muchísimo escuchando a Estopa. «Sus letras son directas y cuentan grandes verdades.» Las canciones, en realidad, son estados de ánimo. Los maratonianos necesitan de su compañía. La soledad de tantas horas de entrenamiento puede ser excesiva. Nacho Cáceres, por ejemplo, juega mucho con la imaginación. Por eso las historias que le gustan, como la famosa leyenda del coyote y el correcaminos, se parecen a él. Entre todas demuestran que el esfuerzo tiene razón. Quizá porque el coyote es un incansable reflejo de la vida que ejecuta el maratoniano. «Aunque nunca atrapa al correcaminos, la realidad es que jamás se rinde y siempre vuelve a intentarlo». Y esa es parte de la magia de la vida y del maratón, en el que uno es capaz de arriesgarlo todo por un sueño.

Kilómetro 9

«Nunca doy un plan de entrenamiento para un mes»

JUAN RAMÓN MUÑOZ (Barcelona, 1965)
Entrenador de Carles Castillejo

«El cuerpo es como los coches. Tiene su kilometraje determinado y es muy difícil pasarse de él.» La experiencia se lo ha enseñado al entrenador Juan Ramón Muñoz: «A partir de una etapa, las lesiones se acumulan y nada vuelve a ser como fue.» Podría, incluso, poner el ejemplo de José Ríos, que en 2004 llegó a correr en 2 horas y 7 minutos el maratón en Lago Biwa (Japón), que tenía el motor de un Fórmula 1 y al que las lesiones hicieron la vida casi imposible. «Desde el año 2002 recuerdo cantidad de fracturas de estrés, de infiltraciones y hasta una operación en el sacro; el caso es que casi siempre tenía algún piloto encendido.» Pero aun así aguantó muchos años en los que desafió su condena. Jugó a vencer y por eso, anos después, atleta y entrenador no se arrepienten de nada. Al contrario. Se solidarizan con un esfuerzo que fue interesante y prometedor. «Ríos podía haber sido medallista olímpico, pero, por la razón que fuese, nunca se dio el día. Ante esa idea, no puede luchar nadie, ni el entrenador ni el atleta, porque es algo que finalmente no depende de nosotros.»

A los 48 años, Juan Ramón Muñoz tiene una vida segura, aprobó una oposición a profesor de Instituto y jamás olvidará lo que ese día de 1990 le dijo Antonio Serrano, atleta y compañero: «Tu ya te has ganado una beca olímpica para toda la vida.» Hoy, Muñoz es un funcionario, cuya vocación por el atletismo no ha pasado de moda. «Ahora, ya hago 33 minutos en los 10 kilómetros». Pero su prioridad no es esa, sino Carles Castillejo, con el que comparte las inseguridades del maratón. Frente a ellas, el entrenador no se alborota. Mira a largo plazo y descarta la impaciencia: «Si preparas dos maratones al año, tu carrera deportiva se limita a cinco años. Hay casos excepcionales, pero la norma es ésa. Si te dedicas al maratón, siempre tienes que excederte. He comprobado que nuestro cuerpo no está preparado para soportar esas palizas continuamente.» Y esta máxima Juan Ramón Muñoz, padre de tres hijos, también la aplica al atleta aficionado, a toda esa legión de hombres y mujeres que, a veces, no se sabe ni cómo aterrizan en el maratón. «Sobre todo, en estos últimos años en los que esa mística de la prueba arrasa con todo. Han empezado a llegar atletas y atletas y, entre todas esas estadísticas, uno se pregunta: "¿cuántos se han preparado realmente?" Yo no creo en el maratón como una cadena en la que uno pueda arrastrar al siguiente. Pero también admito que, si llegas a la meta, su grado de satisfacción es tan alto que probablemente compensa todos los martirios.»

Juan Ramón ha vivido mucho en el atletismo. Primero, como atleta, donde estableció su fidelidad en pruebas de 5.000, 10.000 y, sobre todo, campo a través, donde no se rendía ni a tiros. Siempre supo que el esfuerzo tenía un precio. Y lo aceptó. Vivía en Barcelona y recuerda que en Semana Santa se iba a entrenar a Toledo, donde residía su entrenador o, aún más, había épocas en las que pedía un permiso sin sueldo en el Instituto para entrenar con su grupo en la ciudad del Tajo. Así fue hasta el año 2000, cuando dejó de competir en la élite. Al fondo quedó un balance meritorio, en el que también existió el maratón. Llegó a correr en Londres y, sobre todo, en Venecia, un día que no olvidará jamás. Sus ambiciones se olvidaron bajo un violento diluvio. «Volví al hotel muerto de frío con una marca de 2.20.19 que no me satisfizo, porque ese día valía 2.14.» No hizo más intentos, «porque todo en la vida tiene un final». Apostó entonces por el entrenador que lleva dentro, el hombre que lo razona todo, que ni dramatiza con un mal resultado ni se deja iluminar por otro mejor. «El maratón puede ser fácil cuando te va bien. Entonces tienes un punto de euforia que a nivel hormonal te coloca por las nubes. Pero ahí está el entrenador para poner orden y recordar que los éxitos casi nunca duran mucho.» No pasa nada si uno se equivoca, pero es preferible no hacerlo. «Yo siempre digo que es importante seleccionar bien el primer maratón; es importante que el atleta se quede con ganas; es importante que esa primera vez no se lleve un palo.» La lectura se aplicó con exactitud con Carles Castillejo en su debut en Castellón. «Fue a su ritmo e hizo el tiempo que valía. Incluso, si le hubiesen apretado más, podría haber bajado a 2.09.» El contraste, si se aplica la memoria, fue Pepe Ríos. Todavía recuerda Muñoz su debut en los 42,195 kilómetros como un legado amargo, una decepción que no entraba en los planes. «Tuvo que retirarse en Rotterdam y, desde luego, no fue un acierto esa elección. Ahora bien, supo levantarse de aquello y luego llegó a correr en 2.07. Por eso nunca se sabe. Todos creemos que existen unas reglas y, a veces, la vida se las pasa por alto.»

Castillejo todavía no ha llegado a correr en 2.07. Ni siquiera se ha aproximado a esa marca. Hay que ir por pasos. Aún tiene que bajar de 2 horas y 10 minutos. La intuición promete que está apto para hacerlo. Sólo ha corrido dos maratones en los que no se dejó vencer. Su entrenador estima que lo mejor no es lo que se ha hecho, sino lo que queda por hacer. «Si seleccionamos bien sus próximos maratones, podría ser así.» Aunque siempre existirá un factor en esta prueba que la hace ingobernable. «¿La suerte? Claro que la suerte también existe. ¿Qué me pasó a mí en Venecia? ¿Y si ese día que llevas preparando durante meses te encuentras con un viento en contra de 20 kilómetros por segundo? Puede pasar. Es algo que a veces ha pasado, incluso, en los maratones de primavera.» Por eso Muñoz sabe que el maratoniano necesita una psicología especial. Y por eso mismo él, como entrenador, nunca dejará de acordarse de Martín Velasco: un viejo dinosaurio que le dejó marcado para toda la vida. «Anteponía siempre la lógica al entrenamiento de libro. La conversación con él era de lo más sencilla. Cada día te preguntaba: "¿estás cansado?", y, si realmente lo estabas, tú se lo decías y él te contestaba: "está bien, no lo hagas", y no pasaba nada, no se hundía el mundo. Te decía con toda tranquilidad: "vamos a esperar a mañana."» Para Muñoz, que venía acostumbrado a los terribles entrenamientos de Gregorio Rojo en Barcelona, Martín Velasco significó un cambio total. «Normalmente, los atletas siempre estamos cansados. Nos pasa a todos, seamos de élite o aficionados y, en general, decir que no a un entrenamiento que tenemos escrito en el papel, nos cuesta muchísimo.» Muñoz era de esos hasta que vio a Martín Velasco desafiar esa tradición. Fue un impacto enorme que todavía dura en su vida. Como entrenador, es un reflejo de aquello. «Yo nunca doy planes de entrenamiento para un mes. Jamás. A lo sumo, le digo al atleta lo que tiene que hacer mañana o pasado e, incluso, el día que tenemos series le presento varias opciones para que él dude y enseñarle a decidir por sí mismo. Luego, en carrera será lo que pasará. Por lo tanto, hay que intentar que el entrenamiento se parezca lo más posible a la competición, a que el corredor descubra el misterio por sí mismo.»

Juan Ramón Muñoz fue atleta. Todavía lo es. En realidad, lo será siempre. Por eso es adicto a esta vida en la que ha descubierto que «todos los fondistas terminan por parecerse. A la fuerza, los entrenamientos tienen que ser parecidos, no hay otra alternativa en una prueba así». En su larga experiencia, no cree recordar «a ningún maratoniano que no sea prudente, los puede haber más o menos nerviosos, más o menos meticulosos, pero esta carrera siempre te hace prudente... Es como cuando tienes una familia y un sueldo, la responsabilidad de una economía en casa. Sabes hasta donde puedes o no puedes llegar». Pero, a pesar de las inseguridades del maratón, no hay que acabar con los derechos del optimismo. Juan Ramón Muñoz apela a ellos: «No hay cosas mucho más maravillosas que terminar un maratón y tener ganas de correr otro». Y, aunque no siempre pasa, a veces sí pasa. De hecho, le ha pasado hace un par de años a uno de sus atletas, Carles Castillejo. Su debut en el maratón de Castellón se pareció a un cuento de hadas, pero quizá sea mejor que nos lo cuente él en el kilómetro 10.

Kilómetro 10

«Veo a mi mujer y a mi hija y me derrumbo»

CARLES CASTILLEJO (Barcelona, 1978)
2.10.09 en Castellón 2011

Su corazón pudo más. Carles Castillejo no ha podido contener las lágrimas en ninguno de los dos maratones que ha corrido, Castellón 2011 y Londres 2012. Algo que casi nunca le había pasado en su vida de atleta. «No soy una persona de llorar», explica ahora, en la tranquilidad de una mañana en Barcelona, en la que pone sus recuerdos al servicio del maratón. Y entonces recuerda las dos veces que ha atravesado la meta y en las dos vivió una descarga de adrenalina importantísima que en Castellón, sobre todo, tuvo motivo. Fue su primera vez. Corrió maravillosamente. Hizo la marca que deseaba. Y la emoción no se retrasó un segundo. De repente, le trasladó a lo que había pasado para llegar hasta ahí, que fue todo menos fácil. «Sufrí dos fracturas de estrés que postergaron un año mi paso al maratón.» Y, sobre todo, se acordó de aquel día sentado en un banco del parque Mercader de Cornellá de Llobregat, absolutamente impotente, nada más fracturarse el sacro. «Recuerdo que no me podía ni levantar y que después fue un triunfo entrar en el coche.» Pero el problema no se acabó ahí, sino que se manifestó durante meses, «en los que ni siquiera podía caminar». La mente, perversa, le hizo plantearse su vida de atleta. «Tuve días cruzados en los que no veía la salida hasta que empecé a montar en bicicleta para recuperar y me animó muchísimo.» Fue un proceso lento, un tratado de paciencia. «Mi preparación para ese maratón duró 22 semanas, pero era el primero y no podía arriesgar.» Así que aquella mañana de diciembre, nada más cruzar la meta de Castellón, se sintió un ángel sobre la tierra. «No podía imaginar que fuese verdad lo que acababa de vivir. Acababa de correr un maratón, el primero de mi vida, y me había parecido fácil. Me resultó increíble.»

Las lágrimas tampoco le abandonaron en los Juegos Olímpicos de Londres. El desenlace no tuvo nada que ver. Castillejo sufrió de veras en un día angustioso en el que arriesgó, «porque tenía que hacerlo en unos Juegos». El resultado no le dio la razón, pero una vez que pasó la meta volvió a llorar. «Yo no creo que fuese por culpa de la decepción, que, al fin y al cabo, fue una decepción relativa. Hice lo que pude, lo intenté hasta que no pude más. Pero fue ver a mi mujer y a mi hija y derrumbarme completamente.» Y un atleta como Castillejo, que fue olímpico en otras distancias en Atenas 2004 o Pekín 2008, todavía se pregunta por qué. «Máxime porque a mí nunca me había pasado, pero supongo que es el efecto del maratón. En realidad, esta prueba es como una película muy emotiva que, en mi caso, dura unas dos horas y en la que se vive un suspense casi a flor de piel.» Él lo vivió en Londres, donde enseguida, «en el kilómetro 10», se dio cuenta de que iba a ser un día muy duro, así que esta vez el maratón no le engañó. Ni siquiera en el último kilómetro, tan próximo de la meta, tan cerca de un sueño, con la cabeza nublada, y el pie, «ese pie que hacía tanto tiempo que no me dolía», aterrado. «Cuando vi el cartel de 1.000 metros se me vino el mundo encima: "no llego, no puedo más"; volví a decirme que, en realidad, era lo que venía diciendo desde la media.» Y claro que pensó en pararse, pero no se paró lo que no sólo fue un sufrimiento; también una enseñanza imborrable para un atleta, que nunca será el mismo. Las lágrimas no le ocultaron la realidad. «Todos estamos igual de expuestos al éxito o al fracaso. Filípides reparte a diestro y siniestro y nuestra misión es no caer en la trampa.» Pero aun así, Castillejo sabe que no es fácil:

«Para mí, el maratón tiene una clave: hay que tomar las decisiones correctas entre el kilómetro 20 y el 30. Una vez ahí, ya entras en zona de riesgo en la que nunca se sabe lo que puede pasar.» De ahí su misterio, de ahí que uno no se canse de emocionarse o de que haya kilómetros en los que uno se exilia a una isla desierta en la que no habita nadie más que él. A veces, se encuentra la paz, como le pasó a Castillejo en Castellón. «A veces», dice él, «se puede experimentar el éxtasis como me sucedió a mi ese día». Pero es preferible la prudencia y no olvidar nunca que el maratón tiene una capacidad de sorpresa infinita. Incluso para gentes como el propio Castillejo, que lleva toda la vida corriendo. «No sé si nací para correr. Quizá eso pueda ser un poco exagerado. Pero desde niño en el colegio quedó claro que era algo que se me daba bien.» Los años no replicaron sus deseos. Fue campeón de España de 5.000 y 10.000, capaz de bajar en esta última prueba de los 28 minutos. Fue siempre un atleta demasiado rápido, capaz de ganar a Patrick Makau, entonces plusmarquista mundial de maratón, en los últimos 200 metros en la media de Granollers. Y por cosas como esas ha ingresado tarde en el maratón. Hoy lo contempla como un proceso natural, una evolución a la que no pone pegas, al contrario, porque «significa que respeté todas las etapas». Y, aunque el maratón sea de una dureza abusiva, no hay razón para tenerle miedo. «Para mí, correr no sólo es un trabajo. También es un privilegio que, además, en una época en la que la crisis ha obligado a tantos recortes en el deporte, yo puedo hacer en exclusiva.» A veces se pregunta: «¿hasta cuándo?», pero la respuesta no le hace temblar. «Sé que en esta vida todo tiene un final.» Y, en cualquier caso, no sólo es la vida. También es él y su familia. «Mi mujer y yo tarde o temprano queremos darle un hermano a mi hija y me parece que eso ya no es compatible con mi vida de maratoniano.» Sobre todo, con esos cuatro meses en los que preceden a la competición en los que Castillejo casi se exilia. «Te levantas a una hora, entrenas, echas la siesta, vuelves a entrenar… Uno tiene demasiado interiorizada esa vida y no concibe que deba ser de otra manera.»

En realidad, es el precio del desafío que varía, según las escalas. «El maratón tiene algo diferente para todos, lo completes en dos horas o en cuatro.» Y, a pesar de su todavía corta experiencia, Castillejo se declara un fanático. «¿Cómo no me va a gustar una carrera que, al final, te hace llorar de emoción?» Y el caso es que ahí afloran todas las contradicciones posibles del ser humano. «Porque es posible que haya momentos en que has sufrido lo indecible para terminar.» Pero, precisamente, es eso lo que concede una reputación tan especial a esta prueba, basada en hechos reales y que, a veces, puede ser una sucesión de imposibles. Pero dicen que en el maratón a menudo pasa como en el cine: cuando todo está perdido, aquello por lo que luchamos define lo que somos. De ahí que siempre haya que seguir luchando. Además, nuestro maratón acaba de empezar y ya tenemos una gran ventaja. Sabemos que tenemos enormes posibilidades y que nuestras debilidades no son suficientes. Castillejo nos lo ha demostrado al memorizar el maratón de los Juegos de Londres. «No sabía que se pudiese sufrir tanto, pero también es cierto que durante meses nos preparamos para eso. ¿Qué sería de nuestra preparación sin ese misterio?» La pregunta, en realidad, es universal. En el siguiente kilómetro, Pedro Nimo del Oro se la va a hacer. Él también es uno de esos apasionados maratonianos de élite. Un hombre que, además, está escribiendo un libro de sí mismo. Así que vamos con él: vamos a ver qué nos cuenta.

Kilómetro 11

«Pedro, tu mente tiene muchas cosas de mujer»

PEDRO NIMO DEL ORO (Santiago, 1980)
2.12.10 en Viena 2008

Viajo a completar el undécimo kilómetro hasta Vigo, donde está Pedro Nimo del Oro, un atleta distinto, enigmático, cuya gran pasión son los caballos. Es más, para él, «el caballo y el hombre gozan del mismo status». De ahí su fortísima declaración de principios: «Yo no sería yo sin mis caballos.» Todo eso forma parte de la personalidad de un atleta que se bautizó casi sin pedir permiso en el maratón. «La mayoría de mis semanas fueron de unos 110 o 130 kilómetros con un pico de 160 que, para un atleta profesional, es muy poco.» Pero entonces su mánager, Miguel Ángel Mostaza, le insistió que debía probar en el maratón de Viena, que era sólo para debutantes y en el que no hubo derecho de admisión para el pesimismo. «Algunos decían que no llegaría a la meta», recuerda Pedro Nimo, que, sin embargo, fue más fuerte que las palabras a orillas del Danubio. «No sólo fui el tercer atleta que más rápido corrió el último 5.000, sino que también conseguí una marca de 2.12.10 que no podía ni soñar.» Todo eso insinuó un horizonte importante en el maratón para él. Pero, desde entonces, han pasado varios años en los que la distancia no le ha dado la razón. Pedro Nimo se ha especializado de veras en el maratón, sí. Ha soñado despierto con hacer 2 horas, 10 minutos, ha entrenado lo suficiente (si realmente se sabe qué es lo suficiente), pero nunca ha vuelto a correr tan rápido. Por eso con el maratón nunca se sabe. Los pronósticos posiblemente no merezcan la pena.

Aún estamos en el kilómetro 11 y nuestras piernas se expresan con comodidad. Sin embargo, no hay que confiarse, porque ya sabemos cómo se las gasta el maratón. Sabemos que esta prueba puede ser como un policía. Pedro Nimo, incluso, va más allá y la compara «a una novia celosa, que te pide que te dediques a ella en cuerpo y alma. Te absorbe y te afecta a todo tu día a día, a toda tu vida. Piensas cómo mejorar a la hora de comer, a la de hidratarse, a la de descansar. Te conviertes en un hombre más perfeccionista de lo que tú mismo puedes imaginar. Siempre te estás preguntando: "¿qué es lo que puedo mejorar?"» En realidad, el atleta construye su propio universo, en el que Pedro reivindica claramente la particularidad de cada uno: «Cada uno de nosotros tenemos una historia que, si la conociéramos realmente, nos pondría los pelos como escarpias...» Quizá ese es el gran mérito del maratón, en el que las emociones nos igualan a todos. «Aún recuerdo mi primera vez, los últimos 100 metros casi ni respiraba, mi cuerpo segregaba mil hormonas a la vez. Era increíble y la realidad es que he vuelto a terminar más maratones y en todos he sentido lo mismo. Algo casi inexplicable que te acompaña durante toda la vida y que es algo más que una experiencia. No sé realmente lo que es. No me parece fácil definirlo con palabras. Quizá sea más fácil con lágrimas, con fotografías, con una cámara de vídeo, qué se yo. A veces, pienso que lo más parecido que puede haber a terminar un maratón es escalar una gran montaña.»

Su pasión se traspasa totalmente a su lenguaje: «A veces, me preguntan si sé lo que es el maratón. Incluso veo gente que se cree que esto consiste en correr 42,195 kilómetros, pero, en realidad, eso casi es lo de menos.» Ni siquiera las dificultades económicas confunden a Pedro Nimo, un atleta que jamás pondrá precio a las emociones. De hecho, hoy mismo ha ido a entrenar desde Vigo hasta Bayona... «y el hecho de que alguien se moleste en decirme a través de la ventanilla del coche: "venga, Pedro", es algo imborrable; si te pones a pensarlo, esa persona está invirtiendo parte de su tiempo en animarme». Y eso que los actuales son tiempos muy difíciles para que las emociones se impongan por sí solas, sobre todo en una distancia como el maratón, que ya no vive su Edad de Oro en España. «Yo necesito una estabilidad y las becas ya no llegan a 8.000 o 9.000 euros con la particularidad de que hay que renovarlas anualmente. ¿Qué pasa entonces si ese año estoy lesionado? ¿Dónde está mi estabilidad?» Por eso ahora Pedro es un maratoniano de élite que no se diferencia tanto de nosotros. «Trabajo, tengo que trabajar. Tuve la suerte de que Bikila abrió una tienda de deportes en Vigo y me eligieron de encargado.» Los horarios comerciales no son los más óptimos para entrenar. «Trabajo todos los días de 10.00 a 13.30 y de 17.00 a 20.00 horas, incluido los sábados. Pero, eso sí, los dos días que hago series me voy una hora antes por las mañanas.» Adaptado a esta crónica de trabajo, Pedro Nimo estuvo a punto de clasificarse para el maratón de los Juegos Olímpicos de Londres. «Hubiera sido curioso pasar de vender zapatillas a pelear en una maratón olímpica...» Pero, a su vez, eso es lo que demuestra que no hay historias imposibles y que las revueltas estudiantiles de mayo del 68 llevaban razón cuando gritaban al mundo: «seamos realistas, pidamos lo imposible».

Pedro no había nacido entonces, pero hoy es una prueba rotunda de que uno puede luchar por sus sueños. Hasta debe hacerlo. «Aquí, un albañil del asfalto», se radiografía a sí mismo Pedro Nimo, un hombre que adora a los animales y, sobre todo, a los caballos. «Me hacen ser más paciente y más sensible.» Si algo también adora de ellos es que «no tienen prejuicios», lo que intenta manifestar en su manera de ser. Por eso quiere ser ambicioso y, asociado a esas ambiciones, acepta una vida que seguramente no sea la más cómoda. «Cada día me levanto a las siete de la mañana para hacer la primera sesión antes de ir a trabajar.» Pero tiene todos los motivos. Todavía está descubriendo su límite en una distancia de la que se enamoró profundamente en su juventud. «Yo viví la Edad de Oro de nuestro maratón, la de Martín Fiz, la de Abel Antón, la de Fabián Roncero, que hicieron auténticas barbaridades. De alguna manera compartí sus éxitos y, como fondista que era, sentí la llamada de esta distancia.» Su aventura esperó hasta los 29 años en el maratón de Viena. «Fue un debut extraño que ni yo mismo esperaba, pero me encontraba bien. Cuatro semanas antes, hice la media de Azpeitia en 1 hora, 2 minutos y mi mánager no lo dudó: "Pedro, tienes que probar ya, voy a buscarte un maratón".» Y encontró el de Viena. Allí fue el mejor europeo y se confirmó su propia teoría. «La vida son cosas que no siempre controlas.» Su marca de 2.12.10 le clasificó para el Mundial de maratón de Berlín en 2009. Un sueño que, sin embargo, no tuvo compasión con él. Allí recibió «la mejor lección» de su vida antes de alcanzar la Puerta de Brandeburgo. «En el kilómetro 8 iba llorando de dolor. Me iba arrastrando, pero los gritos de ánimo desde las vallas fueron demasiado importantes para mí.» Al final, llegó a meta. «Lo hice totalmente cojo.» Todavía se pregunta cómo. «Fue la carrera más dura de mi vida. Si no me rendí entonces, creo que ya no lo haré jamás.» Las pruebas médicas posteriores demostraron que Pedro llevaba razón cuando se quejaba. «Corrí con una fractura de estrés en el sacro.» Hoy, han pasado ya varios años en los que él nunca dejará de recordar ese día. En uno de sus brazos figura tatuado «Berlín 2009», que recupera la memoria de aquella angustia que es preferible que explique él en primera persona. «El maratón que más me enseñó fue el que más sufrí.» La recuperación de la lesión duró casi dos años. «No hubo semana en la que no me plantease dos veces tirar la toalla.» Pero, al final, volvió. Y volvió a demostrase lo que tantas veces le decía su entrenador Juan Carlos Granado: «Pedro, tu mente tiene muchas cosas de mujer.» Y seguramente se refería a esa capacidad de sufrimiento, quizá infinita…

Kilómetro 12

«Ahora ya no me va la vida en el atletismo»

LUISMI MARTÍN BERLANAS (Madrid, 1972)
2.17.24 en Castellón 2011

Luis Miguel Martín Berlanas también encarna al atleta para toda la vida. Las lesiones lo apartaron de la élite, pero no sentenciaron sus deseos de correr. La diferencia es que ya no sigue un plan estricto. La diferencia es que, una vez retirado, se atrevió a desafiar al maratón a su manera, en plan autodidacta, sin esa presión incondicional de sus años en los 3.000 obstáculos. Entonces acarició un par de veces la medalla olímpica (Sidney 2000 y Atenas 2004), pero sobre todo aprendió a no rendirse. Sufrió lo que no está en los escritos en aquella época, con inviernos llenos de piedras, «en los que entraba y no salía del gimnasio», justo lo que más desespera a los atletas. Pero, en su caso, no había negociación posible. Era lo que le demandaba su tendón de Aquiles, tristemente herido tras cuatro cirugías, que llevaron a Berlanas a prepararse multitud de horas en la bicicleta elíptica para evitar los impactos de los pies frente al suelo. La soledad fue enorme, pero necesaria. «Llegué a hacer tres horas y media seguidas.» Simulaba en esa máquina circuitos tan duros como los de la Casa de Campo de Madrid para llegar en las mejores condiciones al verano, a toda esa legión de competiciones (Sidney 2000, Edmonton 2001, Múnich 2002, París 2003) en las que, pese a todo, Berlanas siempre daba la cara. «Cuando veía a atletas nerviosos en la línea de salida no lo entendía, el triunfo era estar ahí».

El misterio es cómo ese hombre, que sufrió miles de lesiones de profesional, puede correr ahora maratón. La pregunta atraviesa la lógica. «Hay mucha gente que me la hace, claro, pero creo que hay una razón. Ahora es diferente, ahora, sobre todo, economizo mucho, llevo treinta años corriendo y la continuidad es una de mis bases. Además, ya no hago tanta técnica de carrera como entonces, no hago cuestas, no hago saltos, no soy, en realidad, el ejemplo a seguir para nadie. Pero no me queda otra, porque tengo que cuidar mi pie izquierdo. Si me paso, el dolor empieza a avisarme, y es lógico. Sólo en el calcáneo he tenido tres operaciones, porque arañaba el tendón de Aquiles, y no puedo ser ajeno a eso.» El caso es que Berlanas demuestra la democracia del maratón, que ni siquiera se opone a hombres con problemas físicos. También es cierto que, en su carrera deportiva, él no gastó todos los kilómetros que tenía su cuerpo. «Cada año de los últimos cinco me tiraba una media de cinco meses sin correr debido a las lesiones.» Y eso es algo que ahora, cumplidos los cuarenta, sin los violentos saltos que le demandaban los obstáculos, se nota en la vida de maratoniano que Luis Miguel Martín Berlanas empezó hace años. Fue en 2011. Vivía entonces unas condiciones anómalas para él, recién ingresado en el mundo laboral.

«Trabajaba ocho horas en una oficina, concretamente en la Federación Española de Atletismo, hasta que se me acabó el contrato. Aprovechaba la hora de comer para ir a correr. Y como sabía que me faltaba tiempo, me picaba muchísimo con el reloj. Salía a fuego desde el principio. El primer kilómetro ya lo hacía en 3.48 y así hasta que llegaba a la ducha.» Luego, en frío no se lo recriminaba, porque, en realidad, era la sed del atleta que le queda dentro y del hombre que se retiró sin su consentimiento. Fue la naturaleza la que lo hizo en una tramposa maniobra la que le apartó de la pista. «Mi pie izquierdo ya no aguantaba más, porque la élite es otra cosa.» Aun así, en su debut en el maratón, Berlanas hizo 2 horas y 20 minutos y en el siguiente 2.17, que son marcas de buena reputación. Pero, claro, él tiene una genética de atleta especial que, aún con el freno de mano, le permite hacer entrenamientos que para cualquiera de nosotros posiblemente serían imposibles. Berlanas, por ejemplo, recuerda el día que hizo 20 series de 200 metros, «empezando a 32 segundos y acabando a 29 con

30 segundos de recuperación» y, una vez terminadas, completó la mañana «con 15 kilómetros por debajo de cuatro minutos». Y lo cuenta con máxima naturalidad, quizá porque ya no es como ayer, cuando se desahogaba en la bicicleta elíptica o hacía ski de fondo porque no podía correr. Era su desahogo, la manera de contestar al tiempo que se le escapaba y que a veces se le escapó como en aquel Europeo de Múnich 2002 que ganó Pentinel. «Llegamos los tres atletas en un pañuelo y yo quedé tercero, porque no tenía suficiente preparación. Mis inviernos estaban llenos de trabas, y eso siempre se paga en verano.» Y nunca fue fácil de admitir. Máxime en su caso, porque «hasta el año 99 jamás me lesionaba. Todos los veranos caía algún compañero del grupo, fuese por un resfriado o por una contractura. Sin embargo, Luismi siempre estaba ahí, no faltaba un solo día».

Luismi era el hombre que, siendo campeón de España, conducía un discreto Opel Astra. «Los compañeros me preguntaban cómo podía llevar ese coche, pero a mí me llevaba y me traía, ¿para qué quería más?» Los compañeros sabían, efectivamente, que Berlanas era un tipo durísimo, tal vez el reflejo de su padre, «que llegó a competir con Mariano Haro y su único entrenamiento era ir corriendo al trabajo con alpargatas». Y tal vez ahí estuvo el principio de todo. «Creo que la carrera está en mi genética. De hecho, mis tres hermanas también corren y hasta mi madre se aficionó a hacerlo.» Pero Luismi fue el que más perfeccionó y el que nunca se retira. Todavía pesa 66 kilos, lo mismo que cuando desafiaba a los africanos en los 3.000 obstáculos. Y, sobre todo, nunca deja de trabajar la cabeza, que es tan importante para un maratoniano. «Nunca lo tuve fácil e imagino que todo eso habrá influido en mi vida. Llegué a Madrid y tuve cinco años en los que la Federación no me dio becas ni una habitación en la Blume.» Entonces no tenía ni para ir al cine, así que lo de pagar el alquiler de un piso parecía una película de suspense, pero Berlanas, que hoy ya es padre de familia, siempre sabía reinventarse. «En verano hacía suplencias en Correos como cartero y luego saqué un curso de masajista y conseguía un dinero que me venía muy bien para el resto del año.» Además, invirtió en bolsa con fortuna y cabeza. «Gané para comprarme un coche y alguna cosa más. Fue la época de la burbuja tecnológica.»

De aquello han pasado años en los que Berlanas hizo una vida que no esperaba en los 3.000 obstáculos. «Yo corría 1.500 y tenía una marca buena, 3.39.09, con 25 años, pero entonces en España estaban Viciosa y Cacho y empezaba Reyes Estévez, con lo que no tenía casi nada que hacer.» Así que su entrenador le propuso que pasase a los obstáculos y en su estreno ya hizo 8.42. De ahí hasta la retirada no paró de luchar con la idea de terminar algún día en el maratón a nivel profesional, porque «me entusiasmaba su épica, su literatura de cien años». Pero no pudo ser. Al menos, de profesional, porque tal vez hubiera sido demasiado, quizá intolerable, para su pie izquierdo. Y lo aceptó. «Hay unos inconvenientes en la vida que se pueden superar y otros que no.» Y esperó a que se agotase su contrato con el atletismo de élite para bautizarse en el maratón, donde todo lo que hace hoy es más lento de lo que lo hizo ayer. Pero no pasa nada, porque «ya no me va la vida en ello». Su nueva vida le permite «correr más lento» y acercarse «a la orilla de los 150 kilómetros semanales» cuando prepara maratón. Y entonces él y cualquiera de los que le siga se da cuenta de que Berlanas es un hombre extraño, un cabezota declarado con una voluntad por correr que difícilmente se declara en quiebra. Y entonces asoma una alternativa tan estupenda como la del maratón que se parece, como la que más, a lo que ha sido su vida. «Desde que dejé mi pueblo para venir a entrenar a Madrid no paré un solo día.» Y ese espíritu no se resigna por nada. Máxime ahora que Luis Miguel Martín Berlanas casi ejerce de autodidacta, tal vez porque ya no le va la vida en el atletismo...

Kilómetro 13

«Cada cosa en la vida tiene su momento»

JULIO VICENTE REY (Toledo, 1942)
Padre y entrenador del *recordman* español de maratón

Ahora, Julio Rey estudia Fisioterapia. Saca buenas notas. Muestra la misma voluntad que en sus tiempos de atleta de élite cuando enlazaba semanas de 250 kilómetros y obedecía a su padre como si se tratase del Mesías. Su padre, además, era su entrenador, el hombre que en los rodajes de 30 kilómetros se metía con el coche por los caminos de Toledo para avituallarle, el hombre que vivía por y para su hijo. Era vida de maratoniano, puntual, irreversible y casi obsesiva. «Me preocupaba todo de él», recuerda el padre. «Mi primera idea nada más levantarme era saber qué tal había dormido. Me acuerdo que llamaba a su casa, me cogía el teléfono Vanessa, su mujer, y casi siempre me decía: "vas a tener que venir a verle dormir".» Pero al día siguiente el padre, ajeno a cualquier otra cosa, volvía a repetir la llamada sin miedo a la pesadez. Porque ese era el precio de ser maratoniano de élite, de estar ahí, de lograr la medalla de plata en el Mundial de París 2003 o de ser el único español que jamás ha derribado la frontera de las 2 horas y 7 minutos en maratón. Fue en la primavera de 2006 cuando Julio Rey hizo 2.06.50 en Hamburgo, un momento maravilloso que padre e hijo agradecen para siempre a la vida, a una buena vida en la que, en realidad, sólo existe un gran reproche. «Fue en los Juegos Olímpicos de Atenas 2004, en los que estaba para medalla y preparado, incluso, para luchar frente a ese calor tan impresionante. Pero sucedió algo que no habíamos preparado: se deshidrató. A partir de ahí, ya no podía tomar decisiones razonables en carrera. Era imposible.»

Julio Vicente Rey, el padre, ya tiene 71 años y está jubilado. Se jubiló prematuramente, a los 59, «para atender absolutamente a los entrenamientos de su hijo» y para que nada le despistase. Al fondo quedó su pasado laboral en el que se levantaba demasiados días a las cinco de la mañana. Durante 39 años, regentó una carnicería en el mercado de Abastos, en la plaza Mayor de la ciudad, que se llevó jornadas de diez o doce horas diarias, «incluidos algunos domingos». Pero aun así no renunciaba a su afición por la bicicleta y, sobre todo, por el maratón, donde llegó a hacer 2 horas y 54 minutos en Madrid. Tuvo el mérito del hombre que ejerció casi todos sus entrenamientos contra corriente. «Salía a correr a las diez y media de la noche y buscaba sitios en los que hubiese luz como la zona del puente San Martín en Toledo». Sin embargo, su vida dio un giro cuando descubrió que su hijo Julio, el mayor, sentía algo más que una enorme afición por el atletismo. «De cadete, ya corría con los veteranos y nos ganaba y entonces me di cuenta de que podía ser una cosa seria.» La intuición no le engañó: el muchacho bajó cuatro veces de las 2 horas y 8 minutos en maratón. Fue, en realidad, un atleta de ley que, antes de pasar a la carretera, triunfó en el campo a través y en la pista, en las carreras de 10.000 metros como la del Mundial de Atenas 97. La ecuación fue la prometida. Jamás cambió de entrenador.

Julio Rey intentó clasificarse para los Juegos de Londres 2012 con casi 40 años. Luchó para ello, pero los dolores no le dejaron. «Tenía demasiados problemas en los isquiotibiales. Salía de una lesión y enganchaba otra». Quizá porque cada cosa en la vida tiene su momento. «Fueron muchos años cerca de su límite», explica el padre, «pero no quedaba otro remedio. Yo recuerdo semanas por encima de los 250 kilómetros y hasta de 260 cuando hizo el récord nacional en Hamburgo. Pero no era algo que le pidiese yo. Era algo que entonces le pedía su cuerpo, que lo admitía sin problema». El resultado fue extraordinario. «Nos comprometimos todos con esa vida. Julio no hacía nada, al margen de los entrenamientos, que pudiese desgastarle. Tenía que ser así.

Había que ser así de meticulosos. En casa su mujer no le dejaba coger ni una garrafa de agua.» La precaución llegaba hasta el extremo de que Julio viajaba a los maratones con su propia cocina, kilos de pasta y litros de aceite de oliva virgen, para seguir su propia dieta. Siempre se duchaba con agua helada los días de la competición. Hizo suyos cantidad de ritos que tal vez le ayudaron a subir al podio, una fotografía que varias veces dio la razón a padre e hijo, que cada día a las once de la mañana ya estaban al pie del cañón. La cruda metereología de Toledo en los inviernos era lo de menos. El trabajo era lo importante.

«Yo no sabría decir con palabras lo que necesitaba Julio», explica el padre. «Era algo que se aprendía solo, que se vivía con el día a día y que nos resultaba muy natural. Tampoco necesitaba decirle que creyese en mí ni explicarle lo que decidía. Es más, no recuerdo que casi nunca tuviese que decirle: "Julio, hazme caso". Quizá porque entre los dos le pillamos el hilo a esta distancia y la exprimimos a fondo, esa es la verdad.» Quizá fuese la complicidad entre atleta y entrenador lo que permitió un resultado tan alto. «Nosotros teníamos nuestras normas. Siempre nuestro último día de calidad era el domingo antes de la prueba. Entonces hacíamos 12 × 1.000 y reservábamos la última semana para reducir, para regenerar las células muertas y para curar los dolores. Mi hijo lo agradecía. En realidad, el maratoniano agradece mucho esta última semana, porque es como llevar al cuerpo a una puesta a punto. Si no se hace así no hay manera en el maratón: el que llega con dolores no tiene salida. Si estás descansado, puedes lograr incluso más de lo que imaginas; si llegas saturado lo normal es que no consigas nada.»

Julio no sabe si alguna vez volverá a tener algún atleta parecido a su hijo. En cualquier caso, si lo tiene, no rebuscará en los archivos sus entrenamientos. «No hay medias standard. No hay dos atletas iguales. No todos tienen la misma recuperación muscular. Por eso yo casi nunca he creído en el entrenamiento a distancia. Quizá sea un hombre chapado a la antigua, pero necesito estar a pie de pista. Necesito oler el sudor del atleta, tomarle las pulsaciones cuando termine y, si le pongo 10 series de 1.000 metros en un entrenamiento y veo que las termina fresco, ¿por qué no le voy a decir que se haga dos de regalo? Pero lo tengo que ver. Al cuerpo no hay que engañarle, pero sí sorprenderle.» Son trucos de entrenador, lecciones de un tiempo que mereció la pena en el que el padre aprendió demasiado. Pero, sobre todo, aprendió que «el maratón hay que prepararlo con mucho cuidado». Todavía se deja caer en el parque de La Peraleda de Toledo, donde se deja imbuir por el espíritu de los atletas aficionados. «Para mí es gente maravillosa, simplemente. Llueva, granice o nieve, siempre están ahí con un interés bárbaro que da gusto verlo.» Y todo eso es lo que le recuerda a Julio Vicente Rey que esta vida siempre valdrá la pena. La única pena es que no se pueda volver al pasado. Pero ya se sabe que el maratón, como la vida, es así. Afortunadamente, queda la memoria para rememorar los días más grandes, que son los que justifican que los sueños nos acompañen a casi todas partes. La prueba también aparece en el siguiente kilómetro, donde trataré de saber si existen atletas derrotados de antemano... Una buena pregunta, quiero imaginar.

Kilómetro 14

«Piensa en tus virtudes, no en tus limitaciones»

JUAN CARLOS GRANADO (Valladolid, 1969)
Entrenador de Rafael Iglesias y José Carlos Hernández

A veces, cuando arranca la carrera, empieza lo mejor de uno mismo. El entrenador Juan Carlos Granado siempre se acordará de Mayte Martínez, con la que hizo una sociedad fantástica en los 800 metros. «Era una superdotada para la competición y no creo que vuelva a ver nada igual en mi vida. El único problema es que tenía debilidades por sus enfermedades. Fue algo que mediatizó totalmente su vida atlética.» Granado recuerda que Mayte casi siempre partía en condiciones desfavorables, sobre todo porque ella misma podía torturarse sin piedad. Pero todo eso que, en teoría, anulaba a la atleta, ella lo empleaba como un misterioso desafío. «Jamás olvidaré los días previos al Mundial de Osaka del año 2007», explica su entrenador. «Sabíamos que llegaba bien, aunque no tanto como para ganar la medalla de bronce. El caso es que los días previos resultaron tremendos. Llegó a tirarse una semana entera sin dormir. Recuerdo, incluso, que el día de la primera serie se sentía tan mal que quería volver para casa.» La transformación empezaba en la pista. «Una vez que empezaba a competir, salía del infierno y casi siempre lograba un gran rendimiento.» Mayte no fue maratoniana, sino mediofondista, pero en este caso la distancia es lo de menos. Esta vez se trata de hablar de la ansiedad precompetitiva que afecta a los atletas de demostrar que no todo lo que sucede antes condiciona lo que pasa después. La experiencia de Granado, como entrenador y atleta que fue, es que «a los corredores les libera la competición, porque entonces desaparecen los dolores. Mayte quizá fue una prueba extrema, pero si nos centramos en el maratón, ¿quién no se siente más nervioso antes de empezar? Una vez que empieza la carrera ya es como una terapia. Los primeros kilómetros suelen ser cómodos y te convencen de que estás bien».

Maltratado, eso sí, por las lesiones, Juan Carlos Granado fue «uno de los atletas de la generación de Fermín Cacho». Se hizo entrenador, definitivamente, en 1998. «La realidad es que ya había empezado antes entrenando conmigo mismo.» Entonces se convenció de que los atletas deben tener «ese punto de genialidad en la competición que signifique independencia». El tiempo le ha convencido. El tiempo le ha presentado historias extraordinarias como la de Sara Valderas, «que en poco más de cinco meses, pasó de estar casi fuera del atletismo a ir a un Mundial de cross». O la del atleta de maratón José Carlos Hernández, que se enfrentó a la dificultad («vino a entrenar tres años a Valladolid, donde no tenía ni nómina ni beca») y, al final, logró ser olímpico en Londres con 34 años. Una historia que el entrenador vivió demasiado de cerca. «Vivía prácticamente de lo que le mandaban sus padres. Era difícil ver futuro ahí.» Pero ahora, que ya le va bien, José Carlos todavía manifiesta su increíble voluntad de maratoniano. Regresó a vivir a Lanzarote, donde es francamente difícil preparar largas distancias. «Hace mucho viento, no hay caminos llanos y largos, pero ese es su gran mérito», señala el técnico. «Por eso cuando me dice que ha tenido que hacer 21 kilómetros en un tapiz rodante a ritmo de maratón o 25 kilómetros por la calle 8 de la pista para evitar grandes distancias en contra del viento me parece de una madurez física y mental fuera de lo común.» Pero de alguna manera esa es la tónica de los atletas de maratón. A lo largo de su vida, Granado nunca ha dejado de sorprenderse con ellos. Ha conocido a muchos. Ha aprendido a conocerlos. Ha vivido cómo sufrían, cómo se sinceraban o cómo insistían. Habla, por ejemplo, de Rafa Iglesias, «que tiene unas condiciones no muy apropiadas para un atleta de élite, pero él es capaz de suplirlo con gran inteligencia».

Hace años, «aprovechando una ventana de salud que me dio la vida», Granado decidió correr un maratón, precisamente, para acercarse a todas esas cosas que veía en sus atletas. «Quería saber realmente lo que era esta prueba. Quería conocerla por mí mismo, experimentarla en mi propia carne.» Lo hizo sin un gran objetivo («sólo quería superar las 2 horas y 42 minutos que había hecho mi padre con 55 años»), pero aun así se dio cuenta de lo que significa el maratón. «Los últimos cinco o seis kilómetros no se parecen a nada de lo que había vivido anteriormente en el atletismo. Sentí cosas que jamás había sentido. Es una explosión de sentimientos exagerada en la que se demuestra como es cada uno», agrega Granado, que no se considera «una persona, precisamente, muy emotiva». Pero el maratón desahogó sus sentimientos hasta un límite del que no se creía capaz. Por eso ahora atiende con más proximidad, si cabe, al perfil del maratoniano, a ese hombre que es capaz de adaptarse a una crónica de vida más bien aburrida. «No es fácil», insiste. «Para empezar, te tienen que gustar los esfuerzos de larga duración. A partir de ahí, es importante que sepas leer tu propio cuerpo, que seas disciplinado y, en último caso, que tengas independencia para tomar tus propias decisiones.» En ese sentido, Granado siempre ha sido un hombre muy directo que, antes de correr maratón, lo estudió durante muchas horas. Aún se acuerda de cuando entrenaba a Pedro Nimo, otro maratoniano de élite, «y discutían acerca del kilometraje ideal». Después de ver y leer mucho, Granado no baja de los 200 semanales para la élite. «He leído a los italianos, que aportaron muchísimo a la preparación del maratón. He tratado de aplicar nuevas ideas a los principios de entrenamiento hasta hacerlos coincidir con mi forma de entender el atletismo. Al fin y al cabo, esto casi siempre consiste en la prueba ensayo/error.» Aunque lo que jamás descuidará será el trabajo de fuerza, las horas de gimnasio y de saltos o lo que él llama «trabajar la fuerza en estado de fatiga», un necesario reflejo de lo que luego será la carrera, «en la que casi nunca vas a sacar una marca mejor de lo que has entrenado».

Granado nunca se engaña al hablar del maratón. «Tiene una sensibilidad extraña y seguramente injusta. Ofrece tan pocas opciones que el maratoniano no puede ser ajeno a ello. Si fallas el día de la competición, sabes que te arriesgas a tirar muchos meses de trabajo por la borda.» Pero, ante esa desconfianza, casi siempre expone ejemplos como el de Mayte Martínez, aquella maravillosa atleta que empleaba la competición para salir del infierno. Sus resultados fueron tan importantes que Granado los recordará siempre. «Por eso hay que tener algo de lo que tenía Mayte que, antes de empezar, se ponía en lo peor y casi siempre imaginaba la carrera más difícil. De alguna manera en el maratón sucede igual. Hay que saber que es una prueba que te hará muchas preguntas y que entre el kilómetro 25 y el 30 te va a sacar la más mínima debilidad. Por eso cuando me preguntan por las características del corredor de maratón casi siempre digo lo mismo. Me conformo con un atleta que sepa leer su cuerpo, que no se sienta un esclavo de esto, que sepa desconectar y que considere el atletismo como una escuela de vida.» Granado parece un hombre flexible. «Depende del tipo de atleta, soy más flexible o no», matiza, «pero sí es cierto que cuando hay dudas, suelo escuchar a los corredores, sean de élite o aficionados, y negociamos las sesiones». A menudo, también incide en el ejemplo de Iglesias que, antes de ser atleta de élite, fue capaz de aprobar unas oposiciones para policía. «Los maratonianos que intentan compaginar sus estudios con los entrenamientos suelen ser más equilibrados.» Por eso nunca hay que descuidar el día de mañana, ese día en el que Granado piensa que «las virtudes se deben imponer a alguna limitación que tengamos», sea en el maratón o en el resto de la vida diaria.

Kilómetro 15

«A veces, hasta la talla 34 me queda grande»

ALESSANDRA AGUILAR (Lugo, 1978)
2.27.00 en Rotterdam 2011

A las ocho de la mañana, suena el despertador. Lo hace con puntualidad y sin grandes esclavitudes en la vida de una mujer, Alessandra Aguilar, afincada en el maratón. Por eso amanece de buen genio convencida de sus aspiraciones y de lo que le gusta. Creyó en esta afición y peleó por ella. De ahí que su vida no necesite defensa: «Hago lo que me gusta y, además, puedo vivir de ello, me parece fantástico.» En cada rincón de su imaginación hay algo que se lo recuerda. Por eso tampoco hay pretextos más fuertes que ella ni obsesiones que le recuerden sus peores decepciones. Y quizá por eso da una impresión tan normal y promete que, excepto en los reconocimientos médicos, no pisa la báscula por si acaso se pierde el tiempo. «La mejor báscula es cuando me pongo la ropa», rebate, «si me aprieta o no». Pero hoy, en su vida de maratoniana, no existe ese problema. «A veces, hasta la talla 34 me queda grande». Siente ella misma que está muy delgada, «seguramente demasiado», pero lo dice y no se lo reprocha. Al contrario. Sonríe sin esfuerzo lo que quizá sea el precio de la felicidad que amanece a la hora del desayuno. El menú, por cierto, es de lo más clásico. «Cereales con café y un par de galletas.» Otros días puede que, en vez de las galletas, sea una tostada, pero hoy son galletas, de las más normales, de las de toda la vida, para una mujer que insiste en sus orígenes gallegos, en la sencillez que la acompaña desde la infancia. «No creo que la mía sea una vida espartana», rebate. «Sí es verdad que tengo que cuidarme más, descansar más, pero, en general, no me privo de hacer lo que me apetece.»

Alessandra Aguilar Morán tiene un recorrido enorme en el atletismo. También una sonrisa, culta e impregnada por los libros que invaden las librerías de su casa. A los 18 años, llegó a Madrid «para estudiar Derecho», pero en el cuarto curso decidió cambiar. No fue una locura. «Opté por Magisterio en la rama de profesora de inglés.» Y no se equivocó, porque hoy, licenciada ya, ha arrancado otra aventura universitaria en Producción e Interpretación de Idiomas. Todo ese tránsito obedece a su manera de ser en la que los sueños necesitan libertad para ser como son. «Soy muy inquieta, incapaz de vivir todo el día supeditada al atletismo.» Su declaración corre como una cascada mientras se establece la mañana en Madrid. Hasta las diez, Alessandra no empieza su primera sesión de entrenamiento. «Durante ese tiempo aprovecho para limpiar la casa, pero no es un trabajo que me fatigue, lo hago muy poco a poco.» En su agenda diaria figura una ventaja. «Apenas tengo que salir a hacer la compra, porque como y ceno todos los días en la residencia Blume.» Allí tiene lo que necesita y no echa de menos casi nada, porque «nunca fui de sándwiches, mayonesas o salsas. Desde muy niña, recuerdo que me encantaba la verdura». Viaja entonces a Lugo, la ciudad de su infancia, en la que su padre se diferenciaba de los demás, porque la «aficionó pronto al atletismo». Más adelante, Alessandra se dio cuenta de que esto sería algo más que su afición. Podría ser su futuro. «Fue cuando viajé por primera vez a un campeonato de España cadete en San Sebastián y me encantó la experiencia, la posibilidad de conocer ciudades diferentes, gentes de otros sitios… En el viaje de vuelta ya lo tenía claro y me convencí de que esta era la vida que quería para mí.»

Hoy, casi 20 años después, Alessandra siente la misma devoción por el oficio. De hecho, ya es maratoniana y su entrenador, Antonio Serrano, asegura que «es difícil encontrar mujeres a quienes les guste hacer tantos kilómetros como ella». Y ella misma lo reconoce: «Soy la antítesis de compañeras mías», admite Alessandra que, además, asegura que su entrenamiento favorito para el maratón «es la tirada de 30 kilómetros». Y no se engaña: «No, qué va, el entrenamiento para maratón me encanta. Hay veces en las que estoy cansada y me cuesta salir a entrenar, pero entonces me recuerdo a mí misma que todo eso valdrá para la competición.» Quizá sea el aire de maratoniana que se dibuja en su cuerpo sin grasa o en su mirada esquelética y directa a los ojos. Todo eso es la consecuencia de la decisión que adoptó hace años cuando pasó al maratón. Su vida en la pista (32.42 en 10.000 o 15.42 en 5.000) pedía una renovación. Alessandra lo admitió sin miedo. Se llevó sus decepciones como en los Juegos de Pekín, donde fue 54ª clasificada con 2.39.54 («en el kilómetro 15 me di de golpe frente al muro»). A su regreso, optó por un cambio de entrenador que, a veces, viene bien para la motivación. «Me pidió que la entrenase a finales de 2008, después de la Olimpiada de Pekín», explica Serrano, que conocía de sobra a la atleta. «Había, incluso, entrenamientos en los que tiraba de ella en alguna serie en el INEF.» Sabía, por lo tanto, que se trataba de un proceso distinto. «A mí me gusta hacer a los atletas, pero aquí no había posibilidad; Alessandra, cuando vino a mí, ya estaba hecha, ya tenía una edad.» El entrenador le ayudó a administrar sus energías con optimismo, a trabajar la fuerza. Descubrió que, a su edad, Alessandra ya «no puede pasar de los 170 kilómetros semanales» y no hay ofensa por ello. «Nunca doblo más de tres días a la semana, porque me cuesta recuperar.» Pero esa es la vida que exige el maratón. Gente acostumbrada a entrenar con fatiga, a la soledad, a emociones que te marcan para toda la vida. Quizá por eso Alessandra Aguilar ejerce de maratoniana las 24 horas del día. «Para mí es una prueba mágica. Tiene algo que engancha que no sé lo que es. Eres tú contra ti misma, porque estás sola en carrera durante mucho tiempo y llegas a aprender cuáles son tus límites.» Aunque a menudo Aguilar se sorprende a sí misma. «Recuerdo el maratón de los Juegos de Pekín. Cada kilómetro tenía más dolores y me daba miedo que no pudiese llegar a la meta. Por eso cuando vi el estadio me emocioné tanto, porque entonces ya sabía que llegaría. Podemos vivir perfectamente de recompensas como esas.»

En realidad, al lado del maratón, Alessandra Aguilar ha fortalecido su prestigio y ha desafiado la historia. En 2013 ha vuelto a quedarse en el maratón de Rotterdam a nueve segundos del récord nacional de Ana Isabel Alonso (2.26.51), que aguanta desde 1995. Hasta cierto punto, parece mentira que nueve segundos puedan tener esa importancia en una prueba de 42 kilómetros. Pero Alessandra, 49 kilos de peso en competición, ya no necesita terapia. Hasta la última pieza del maratón, ha encajado totalmente en su vida, y no se ofende ante sus venganzas. Por eso una vez le preguntaron si se ve compitiendo como Merlene Ottey hasta los 50 años. No cerró la puerta. «Hasta esa edad, no creo que llegue, pero no voy a decir nada por si acaso.» Y lo reafirma cada día en su diario de maratoniana, en el que no pretende engañar a nadie: la dureza se escribe con mayúsculas. Todavía más esas veces en las que hace la tirada de 30 kilómetros siempre en progresión. «Los primeros 15 voy a una intensidad no muy alta en la Casa de Campo, a 4.10 el kilómetro, pero luego en la pista termino entre 3.30 y 3.28.» Pero quizá sea eso lo que luego la permite estar ahí, durante tantos años, en los que su vocación no se apaga. El éxito no duda en estar a su lado. Quinta clasificada en el Mundial de Moscú 2013, lo que ninguna maratoniana española logró jamás, Alessandra ya no deja pasar ningún tren. Se ha convencido de que puede pelear en los escenarios más dramáticos como en aquellos Juegos de Londres, donde bajó de las 2 horas y 30 minutos, en un día de lo más perverso, lleno de frío y de lluvia, como los que la veían amanecer en su infancia en Lugo. Pero de eso hace ya muchos años, claro.

Kilómetro 16

«Yo ansiaba la competición»

Rodrigo Gavela (León, 1965)
2.10.27 en San Sebastián 1993

Hace años conocí a Rodrigo Gavela, que siempre será un apasionado de todo esto. En sus sueños nunca deja de correr maratones. En su vida hay una fotografía de la que nunca podrá prescindir, única y orgullosa: el maratón de los Juegos Olímpicos de Barcelona 92. Entonces tuvo la posibilidad de convertirse en un héroe. Tenía 26 años y unas aspiraciones responsables. A tres kilómetros de la meta, iba a cien metros del grupo de cabeza y de subir al podio de un maratón olímpico como en su día hicieron Bikila, Frank Shorter o Cierpinski. Pero entonces la carrera expresó toda su dureza. «Sufrí unos calambres que me obligaron a recorrer casi andando los últimos kilómetros.» Fue un golpe que dio la razón a la leyenda del maratón. Un final infeliz para un hombre que, veinte años después, todavía habla con un entusiasmo enorme del atletismo. Su vida sigue relacionada a él. Sigue, por lo tanto, pensando que fue un afortunado. «Excepto en Oceanía, competí en todos los continentes.» Sigue fiel a esta afición «que, en general, nos hace mejores personas». Sigue, en definitiva, invirtiendo gran parte de su vida en la organización de carreras y maratones en los que pasa lo mismo que en Barcelona 92: hasta el último segundo, casi siempre existirá el suspense.

Cuando conocí a Gavela, más que atleta, ya era entrenador de atletas, colaborador de revistas y organizador de carreras. Era un hombre maduro, que había construido su propia ideología acerca del entrenamiento. Sabía de sus debilidades y de sus fortalezas. Sabía de lo que hacía falta. Tenía un legado de años que le permitían pensar en paz. De cara a sus atletas, se presentaba como «un hombre obsesionado con ir despacio». Por eso en sus maratones nunca entrarán las prisas. «No se puede ir en contra de la naturaleza de esa prueba», dice. «Hay que entender que necesita tiempo, que necesita que el atleta se conozca y que el cuerpo se identifique con una distancia que nunca se va a hacer corta.» Gavela habla casi como un padre. «No creo en desgastes inútiles», insiste con la naturalidad con la que adoptó aquel increíble maratón olímpico de Barcelona 92, la prueba que le pudo cambiar la vida y en la que, pese a todo, difícilmente se olvidará del arquitecto que construyó la Villa Olímpica. Así es él. «Creo que ese hombre no debía ser español. Las ventanas abrían para afuera, como en Europa; pero la diferencia es que allí no hay persianas. Así que había que elegir entre bajar la persiana o cerrar la ventana, lo que se traducía en morirte de calor o que el sol te despertase a las seis de la mañana». Fue ingrato, porque el descanso es parte de la psicología del maratoniano. Gavela lo fue y no podía ser ajeno a eso. «Es verdad que los atletas podemos ser muy exigentes con nuestro entorno, sobre todo a medida que se acerca la competición.»

Acostumbrado a escuchar historias de corredores, Gavela casi siempre será un hombre eficaz en este mundo. Tiene esa inteligencia para separar lo bueno de lo malo. Los años no han anulado su optimismo. Al fondo queda su época en la élite en la que llegó a correr el maratón en 2 horas, 10 minutos y 27 segundos en San Sebastián en la Copa del Mundo. Pero, sobre todo, aprendió a aceptar que las adversidades no siempre se pueden vencer. «Cuando estaba en mi mejor época sufrí una hernia discal que rompió mi carrera.» A partir de ahí, ya casi nada volvió a ser igual. «Acababa de batir el récord nacional en San Sebastián y yo mismo sentía que tenía un gran porvenir.» Había educado su autoestima para vencer. Había superado la prehistoria del entrenamiento. «Tuve un primer entrenador, que tenía una idea muy particular sobre el entrenamiento del corredor de fondo, que era la que imperaba en esos años. Su metodología era muy "cientificista", la planificación estaba por encima del atleta; si querías correr mucho, se debían hacer unos tiempos determinados en los entrenamientos independientemente del cansancio acumulado, del estado de ánimo o del día que hiciese.» Recuerda con nula gratitud aquellos años: «Tenía que hacer al cien por cien las series desde la primera. Así que los días de series se me hacían tan duros que me sentía nervioso e irritable, y lo que pasaba es que casi nunca podía terminar el entrenamiento.»

Porque, en realidad, el maratón es mucho más que un resultado o una enorme sucesión de datos. Hay demasiadas preguntas a su alrededor: ¿qué pasa hasta llegar a la línea de salida?, ¿cuánto hay que estudiar?, ¿cómo hay que estudiar? Gavela ha pasado los últimos veinte años de su vida asesorando a atletas, probablemente a gente estupenda que ha encontrado un desafío y que busca su excelencia. Gente que, por ejemplo, escucha al entrenador hablar de «la leyenda negra de las series», que también son necesarias para una carrera tan larga como el maratón. Gavela entonces recuerda esos años suyos en León, antes de venir a Madrid a estudiar Periodismo, en los que hacía cada serie de 1.000 metros al cien por cien. Se encontraba entonces con un problema: le parecía que no se iban a acabar nunca. Gavela recuerda ese martirio y huye a otro escenario que él conoció antes de que fuese demasiado tarde. Fue lo que le ayudó a ser olímpico en maratón, campeón de España e iberoamericano, datos que fortalecen su biografía de atleta y que, sobre todo, le ayudaron a comprender mejor el mundo. «Conocí a un entrenador como Antonio Serrano, con otra filosofía de trabajo. Nunca más volví a hacer las series a tope, no era necesario para una carrera de ritmo como el maratón.» Mejoró su carácter y sus piernas. Aprendió que «los mejores trabajos de fuerza no son los más esforzados, sino los que se ejecutan de forma complementaria con los de resistencia». Aprendió a vencerse a sí mismo, «a ansiar la competición en vez de a odiarla, a hacer las series en progresión y con menos recuperación». Su vida atlética se convirtió en otra cosa hasta que esa hernia discal lo llevó a juicio. No salió ileso. «Nunca más volví a acercarme a las 2 horas y 10 minutos en maratón.»

Todo eso convirtió a Rodrigo Gavela en un tipo más astuto, en una personalidad más interesante y en un hombre más sabio. Al menos, en este mundo de corredores, en el que jamás se dejó arrasar por la cultura de la impaciencia. «Creo que en la vida de un corredor no se pueden realizar más de quince maratones al máximo nivel. Por eso es necesario elegirlos bien y sólo acabarlos cuando se les puede sacar un buen provecho.» De ahí que Gavela, hasta que el cuerpo no le dejó hacer más, estudiase cada una de sus oportunidades y defendiese la inteligencia de todas ellas. «Sinceramente, creo que machacarse por sistema es maltratar las condiciones.» Una idea que ya se imponía en su vida hace veinte años cuando, siendo uno de los atletas menos reputados en la línea de salida (tenía la marca 114 de los participantes) del maratón de los Juegos de Barcelona, no se quedó tan lejos de la medalla olímpica. Un recuerdo sabio que llena de proeza a Rodrigo Gavela, el hombre que se niega a vivir deprisa. «No conozco los beneficios de las prisas», rebate.

Kilómetro 17

«Esto no es una empresa: yo no puedo despedir a un atleta que no me obedece»

GUILLERMO FERRERO (El Ferrol, 1944)
Entrenador de Fabián Roncero

«Fabián Roncero me hizo estudiar para estar a su altura. Necesitaba más. Siempre quería más. Recuerdo que realizó su primer maratón sin prepararlo. Fue a Londres, como un popular más, sin contactar con la organización ni nada. Hizo 2 horas, 16 minutos, y aquello me demostró que era un atleta con unas posibilidades gigantescas.» La declaración corresponde a Guillermo Ferrero, que fue el entrenador de Fabián Roncero en aquellos años inolvidables. «Tenía un carácter absolutamente ambicioso, anárquico. Yo le desaconsejaba, pero no había nada que hacer. Todo lo que sucedía en carrera iba en su carácter. Era un hombre de ritmos, sobre todo. Yo trataba de moderarlos, pero él se los saltaba.» Aun así, la relación fue tan fructífera que Roncero estuvo a punto de batir el récord mundial de maratón e, incluso, llegó a bajar de la hora en media. Ferrero asegura que «pasarán años hasta que vuelva a salir un atleta así en España. Es más, yo no sé si ya tendré tiempo para verlo». Ha cumplido 69 años Guillermo Ferrero, un hombre que, sin ser un atleta de nivel, sintió desde la niñez «una afición loca» por este deporte. La conversación con él no se separa de esa pasión en la que recupera imágenes de la prehistoria que casi ni se sabía que existían. «Aún recuerdo los Juegos del Mediterráneo que se celebraron en el estadio de Vallehermoso.» También es capaz de relatar «las miniolimpiadas» que montaba cada verano en su barrio o esas veces, en aquel Madrid de los años sesenta, en las que «íbamos a las pistas de ceniza de la Ciudad Universitaria a hacer cosas de atletismo. Y las hacíamos».

A pesar de carecer de experiencias personales («lo máximo que llegué a hacer fue un 1.500 en 4.30»), Ferrero se sensibilizó tanto con el atletismo que cuando entró en su actual club, la Agrupación Deportiva Marathon, y se necesitó un entrenador, él se propuso como candidato. «No había entrenadores e hice todo lo posible para serlo. Me informaba a través de los cuadernillos de la revista *Atletismo Español*, pero en todos estos años, sobre todo, he aprendido de los corredores. Luego, fueron los entrenadores italianos los que revolucionaron el maratón moderno. Significaron un cambio enorme. Nos enseñaron a adaptar los ritmos a las necesidades del maratón. No se trataba de hacer nueve series de 1.000 un día a tope y al siguiente, de lo cansado que estabas, ponerte a trotar. El maratón no es eso, el entrenamiento del maratón no produce casi nada de ácido láctico y las recuperaciones son más fáciles. Por lo tanto, hay que aprovechar esas posibilidades.» Gracias a los italianos, Ferrero acepta que cambió su método de trabajo, en el que jamás debatió la idea de que «cada atleta es un mundo». Aunque eso no implica que sea un fanático de los entrenamientos individualizados. «Sinceramente, estoy un poco vacunado frente a ellos. Al final, los entrenadores tenemos unos patrones definidos que aplicamos a casi todos los atletas. No me gusta engañarme a mí mismo.»

Durante su vida laboral, Ferrero fue interventor de una agencia bancaria. «Mi mesa estaba rodeada de papeles, así que por las tardes necesitaba desahogarme.» Pero eso no significa que como entrenador también sea un hombre de números. «No tiene por qué», responde. «La labor del entrenador consiste en saber dónde están los límites, en explicar al atleta lo que compensa y lo que no y, sobre todo, en hacerle ver que no se pueden estar machacando todos los días las rodillas, los tibiales… A lo mejor, por eso mismo es por lo que realmente no compensa hacer una tirada de tres horas. La clave realmente está en eso, en aprender a dosificar.» Sin embargo, en su experiencia como entrenador, ha conocido más atletas parecidos a Fabián Roncero. «Ahora, por ejemplo, tengo a dos corredores, los hermanos Lozano, Alberto y Álvaro, que van en esa línea, pero hay una diferencia. Yo se lo recuerdo a menudo: "oye, que vosotros no sois como Fabián; si queréis hacer las mismas burradas, vais por el mal camino".» Su trabajo como entrenador tiene unos límites casi insuperables. «Esto no es como una empresa donde puedes despedir a los trabajadores. Yo, además, prefiero una relación amistosa con el atleta. Ahora bien, siempre que veo algo que se sale de lo correcto, les digo que ahora no pretenderán que los resultados puedan darles la razón. La vida en el atletismo es así.»

En cualquier caso, Ferrero se niega a generalizar. «A veces, la culpa la tiene el atleta, porque no te hace caso, pero otras veces somos los entrenadores los que nos equivocamos. Aquí no existe nadie perfecto, aunque una cosa sí está clara: el corredor casi nunca se equivoca por hacer menos. Al contrario: casi siempre es por hacer más. Y entonces lo que yo me pregunto e, incluso, se lo pregunto a ellos es para qué me piden consejo. Y están los que te contestan que ese día, en el que le habías mandado 8 series de 1.000, hizo dos más, porque se encontraba tan bien... La pena es que, al hacerlas, no se daba cuenta de que posiblemente estaba destrozando el plan de entrenamiento. Y esto, efectivamente, era algo que pasaba mucho con Fabián: le decías unos ritmos, pero él empleaba los que le parecía. Tenía esa ambición, esa anarquía en cada entrenamiento... Pero, claro, Fabián era Fabián. Luego, iba a Rotterdam y durante 31 kilómetros tuvo a medio país enganchado a la televisión un domingo en la sobremesa porque estaba en disposición de batir el récord del mundo. Yo jamás he tenido ningún otro atleta con esas posibilidades. Tuvo una época, simplemente, genial.»

Los años han confirmado a Guillermo Fererro que «los atletas tienen dos fechas de caducidad». «Una es la edad cronológica y otra, previa, que obedece al desgaste y que ya impide al atleta acercarse a sus mejores marcas.» Los últimos tiempos han cambiado tanto la tónica que Ferrero ya no sabría qué decir respecto a las edades. «Antes no se imaginaba a un atleta en el maratón con 23 años. Parecía una locura y, sin embargo, los mejores africanos de ahora tienen esa edad.» En cualquier caso, en su vida como entrenador, jamás menospreciará la paciencia. «Un entrenador, por encima de todo, ha de ser un hombre paciente. O más bien no impacientarse cuando las cosas no salen, lo que ya no es tan fácil. Entonces hay que recordar que el trabajo a veces tarda en salir años, pero sé que en el día a día es difícil verlo.» En ese sentido Ferrero suele ser un hombre muy directo: «Hay atletas que se piensan que tienen 20 años y ya superan los 40 y cuando fallan en una carrera se dejan arrastrar por la impaciencia y por ese afán de superación constante…» De ahí que en su vida como entrenador haya asistido, y todavía asiste, a episodios que no son fáciles de justificar y que él relata con cierta ironía: «Hace unos años me llamaba un señor de Logroño de 60 años que quería que le diese desesperadamente las señas del doctor finlandés Sakari Orava, que ha operado de los tendones de Aquiles a atletas y deportistas de élite. Tiene mucha fama. De hecho, lo llaman el doctor House del deporte. El caso es que el hombre, que me llamaba a mí, me pedía que le diese su número urgentemente, que estaba destrozado, porque su vida era correr y no podía hacerlo, porque sus tendones no le dejaban. No sabía cómo quitármelo de en medio, pero, eso sí, creo que nunca me dejó llegar a decirle: "Pues si usted no puede correr, camine, a lo mejor no es lo más lógico a su edad y con sus achaques." Pero no hubo manera. El hombre seguía hablando y hablando de todo lo que se estaba perdiendo en esta vida sin correr… No quería escuchar a nadie. Sólo quería escucharse a sí mismo, a sus quejas, a sus amarguras...» Naturalmente, Ferrero lo dejó por imposible, pero al relatar esta anécdota tal vez ha contado demasiado. Ha reivindicado, por ejemplo, que la sensatez pertenece a los listos. Así que tal vez sea buen momento para recapacitar. Juzguen ustedes, en cualquier caso.

Kilómetro 18

«Prefiero la salud a correr un minuto más rápido»

MARTÍN FIZ (Vitoria, 1963)
2.08.01 en Otsu (Japón) 1998

La sensatez ahora la representa Martín Fiz, que ya ha cumplido 50 años. Aparentemente, son muchos para él, pero en su caso la edad casi nunca será una excusa. Aún conserva el físico de antaño, que tal vez no perderá nunca. Se declara Martín incapaz de renunciar al entrenamiento a diario y su cuerpo todavía le concede permiso para desafíos tan importantes como el Maratón de Sables. La prueba cruza el frontal de lo imposible. En medio de temperaturas próximas a los 50º, los atletas deben desafiar al desierto del Sáhara marroquí. Se trata de 240 kilómetros en seis días, con una mochila de unos ocho kilos a la espalda. Fiz ha previsto una media de 30 kilómetros el primer día, 30 el segundo, 40 el tercero, 80 el cuarto, 40 el quinto y 20 el sexto. No se trata de morir, pero sí de vencer. El éxito aún depende del esfuerzo para Martín Fiz. Hace trece años que se retiró de la élite, pero tampoco fue motivo suficiente. Aunque no logró una medalla olímpica, que hubiese cambiado por todo lo que consiguió, siente que fue un hombre feliz. Aceptó la dictadura de esa vida en la que prácticamente no existían días libres. Se comprometió tan a fondo que se dejó invadir por la locura. Todavía lo reconoce Martín Fiz, un hombre que llegó a ser campeón y subcampeón del mundo (1995 y 1997). «Creo que hice realidad mis sueños. Pude tener frustraciones, cuartos puestos, que en su momento me apenaron, pero hoy ya no cambiaría nada. No tendría sentido. Es más, acepto que fui una persona privilegiada. Descubrí a tiempo que había nacido para correr maratón.»

Hoy, Martín Fiz es un hombre de 50 años que todavía se muestra «realmente competitivo», porque no interpreta la vida sin esa libertad. «Cada vez que voy a una carrera lo normal es que luche todo lo que pueda». Pero hay un cambio respecto a aquel año 1994 en el que ganó el maratón del Europeo de Helsinki. «Ahora soy un hombre que tiene que saber como funciona un cuerpo de 45 años». Por eso ya no existen entrenamientos inhumanos, como los hubo en su vida, en el parque de El Prado de Vitoria, en la sierra madrileña o en los polígonos industriales de Palma de Mallorca, donde acudió a preparar los Juegos de Atlanta para asemejar las condiciones de humedad que iba a encontrar en Estados Unidos. «No, ahora he de ser fiel conmigo mismo y con mi edad», explica. «Ahora es más importante pensar en la salud que en correr un segundo más rápido, porque ya no me gano la vida con esto». Al fondo queda un pasado en el que la victoria tenía un valor infinito. «Ganar te hace siempre mejor atleta.» Se convirtió en un hombre maniático, solitario, prácticamente incorregible. «Cuando viajaba a correr fuera no veía nada de los países, me cansaba de ver las paredes de las habitaciones de los hoteles durante todas las tardes. Era casi como una tortura.» Pero eran los vicios de una profesión insaciable. Su hijo Alejandro la relató maravillosamente en Lago Biwa (Japón) con ocho años. El muchacho, que hoy ya es un estudiante universitario, había viajado para acompañar a su padre. Mientras se corría la prueba, esperaba en la meta. Una vez terminado todo, le confesó a Martín Fiz: «Papa, estaba rezando para que llegases, no para que vencieras.» El maratón tiene esa carga que no se acaba nunca. «Yo me acuerdo de aquella nochevieja en la que terminé una San Silvestre Vallecana. Llegué a las tantas a Vitoria, porque las carreteras estaban nevadas. Sin embargo, al día siguiente, nada menos que en la mañana de Año Nuevo, salí a entrenar, porque tenía que hacerlo.»

En realidad, es la radiografía de un atleta de élite que hizo un pacto de sangre con el maratón. Fiz siempre habla de esta prueba en femenino, porque «en realidad, el maratón es como una mujer: cuanto más te hace sufrir, más la quieres». Y no se trata ahora de relatar todos sus sufrimientos, «que serían muchos», porque ese no es el objeto de este libro. «Siempre viajé con mucha presión, porque en mi tercer maratón ya fui campeón de Europa, lo que puso el listón demasiado alto.» Aunque quizá tenía que ser así. Fiz no sabía vivir sin esa presión, no podía. Fue la ley que se impuso a sí mismo. Una facultad que aceptó como a un hijo. «Los maratonianos pasamos tantas horas solos que acabamos aceptando nuestro propio masoquismo», explica al recordar su época en la élite. «Nos volvemos ansiosos, maniáticos, obsesivos, depresivos... Quizá porque llevamos una vida monótona en la que casi todo se centra en correr, que acaba convirtiéndose en nuestro trabajo y en nuestra terapia.» El secreto está en la victoria, que fue lo que instaló a Fiz en el maratón. Su vocación nació tras la decepción de los Juegos Olímpicos de Barcelona 92. «Sentí una frustración rotunda al no pasar a la final en el 5.000.» Y en aquella época ya era casi incontestable el gobierno de los africanos en esas pruebas. «Pero en el maratón era diferente. Todavía no habían llegado ellos a esta distancia y mi tipología, pequeño y delgado, se adaptaba a ella.» Desde la niñez también había aprendido a adaptarse a las dificultades. «Sinceramente, yo creo que esa es la clave del maratón. Cuando me piden opinión siempre lo digo. Si no eres profesional, no conozco a casi nadie que tenga una vida perfecta para preparar esta distancia. Yo ahora entreno a albañiles, a carteros, a gente que trabaja físicamente, que tiene una edad y no recupera fácilmente. Pero aun así esa gente es capaz de arriesgar con el maratón. ¿Acaso eso no es digno de todo elogio?» Por eso Martín Fiz se compromete tan a fondo con todos ellos. «Suele ser gente con mucha raza y capacidad de sufrimiento que no acostumbra a dar nada por perdido.» Y, en realidad, se da cuenta de que son como siempre fue él. «Nada más terminar el maratón, todos pensamos lo mismo: "ésta es la última y ya no habrá más", porque nos sentimos agotados por el esfuerzo, pero a los pocos días ya estamos pensando en la siguiente.» De alguna manera es el precio de la vocación que, por ejemplo, mantiene vivo a Martín Fiz en la carretera. Ha aprendido a luchar por otra cosa que no sea la victoria. «Antes entrenaba doce sesiones semanales. Ahora entreno una vez al día. Antes lo importante era ganar y ganar», explica. «Ahora si gano, bien, y si no, no pasa nada. La filosofía es totalmente diferente.» Y en ese viaje prácticamente todos somos iguales. Y Martín Fiz ya sólo es uno más de los que corren en el parque de El Prado de Vitoria, donde la solidaridad y la ambición se ponen de acuerdo. Pero, eso sí, hay una diferencia con el pasado: ya no pasa nada porque los kilómetros le salgan a Martín por encima de los cinco minutos. Hace bastantes años que dejó de ser un esclavo del reloj. Fue posiblemente el premio de una vida. Supo diferenciarse del pasado, pero no dejó de jugar el mismo partido. «Correr ya es una liberación, no una obsesión», proclama.

Kilómetro 19

«Mis hermanas se emocionan al escucharme»

Estela Navascues (Tudela, 1980)
2.32.38 en San Sebastián 2013

Estela Navascues necesitaba liberarse. Era demasiado pesimista con el maratón. En realidad, ella es una mujer pesimista. Durante algún tiempo no creyó en lo imposible. Llegó hasta a cerrar los oídos. «La gente me decía que valgo, que tengo calidad, pero me costaba creerlo.» Estela Navascues se llevó una bronca importante por parte de Abel Antón tras retirarse en el kilómetro 38 del maratón de Berlín, a falta de cuatro para terminar. «Y fue por miedo, sobre todo por miedo.» Abel Antón es ese hombre que fue doble campeón del mundo del maratón y que a Estela le dice cosas tan optimistas como éstas: «Yo era un optimista. Yo, antes de ganar a los negros, imaginaba que iba a hacerlo.» Y se lo dice en Soria, probablemente en el Centro de Alto Rendimiento, donde, pese a todo, Estela Navascues protege sus sueños de maratoniana. Abel Antón, como su entrenador, hace de escudero. «Él siempre me dice que, si entreno bien, no debo tener miedo a nada.» Sin ser una conversación entre padre e hija, casi que lo parece. Estela tiene 33 años. Ha aprendido a perdonarse sus errores y en su horizonte asoman declaraciones más optimistas que pueden ser la señal de la madurez que ya ha llegado. «Elena Esteso ha sido olímpica casi con 40 años y hay algunas atletas muy buenas con 34, 35 y 36.» Y entonces se desafía: «¿Por qué no puede ser mi caso?»

La edad, en realidad, no es problema en el maratón, que, por encima de todo, es una prueba muy democrática en la que Estela Navascues cada vez se censura menos a sí misma. Ha entrado en la universidad de esta distancia. Ha hecho un maratón en 2 horas y 35 minutos en Sevilla, donde prefirió la psicología al miedo. «Supe, al fin, luchar frente a mi cabeza. Supe engañarla. Supe leer mi propio libro. Me olvidé de los kilómetros, no les hice caso; es más, ni siquiera me fijé en ellos.» Y cuando se dio cuenta, «que fue en el kilómetro 29», ya tenía suficientes motivos para vencerse a sí misma. «Entonces es verdad que empezaron a dolerme las piernas.» Pero se acordó de su entrenador y de ese maravilloso recuerdo, que tantas veces se reproduce en su DVD y que retrocede al año 1999, al maratón del Mundial de Sevilla, en el que Abel Antón fue un vencedor apasionado. Y Estela no se cansa de escucharle en el Centro del Alto Rendimiento de Soria, en el que a los atletas no les falta de nada. «Abel me dice que él utilizaba la cabeza para olvidarse de lo que le dolían las piernas.» Estela, sin embargo, era su contraste. «Siempre he sido una mujer que ha dado demasiadas vueltas a la cabeza.» Ha llegado, incluso, a fatigarse mentalmente, algo que ahora se niega a repetir. «He comprobado que eso no es bueno para el maratón.» Y ya no hay nada capaz de engañarla, ni siquiera la euforia de su buena carrera en Sevilla. Estela siempre recuerda el día en el que se dirigió a Antón para que la preparase. «Yo ya llevaba unos años en Soria con Enrique Pascual de entrenador y no me iba mal. Pero cuando se me ocurrió la idea del maratón, pensé que nadie mejor que un hombre como Abel Antón que conocía la prueba mejor que nadie.» Sus consejos ya parecen organizados en su cerebro. «A menudo, me recuerda que no todos los maratones fueron espectaculares para él.» De ahí que Estela haya dado ese paso adelante. Ha aprendido a convivir con la decepción, «porque esto le pasa a todos, incluso a los mejores». Y da la sensación de que, al decirlo, se refuerza a sí misma y a su vida de maratoniana en la que nunca sintió miedo a los sacrificios. Ni siquiera al riesgo, como el que emprendió hace diez años cuando sólo era un proyecto de atleta en Tudela, Navarra, su tierra de toda la vida. Allí se sabía que era una atleta bastante buena, que albergaba posibilidades, pero, claro, de esas ha habido tantos en el atletismo...

«Trabajaba de reponedora en un supermercado. Me levantaba todos los días a las cinco, porque tenía un horario de seis a diez de la mañana.» Aquella crónica de vida trasladaba un problema al atletismo. Naturalmente, sus resultados acusaban el cansancio. «Así que decidí dejar el trabajo e irme a vivir a Soria.» Y fue una mujer práctica, convencida de que «si me iba mal, siempre podría volver a mi trabajo». Pero han pasado diez años y no ha regresado. Sus ideas en el atletismo se han cumplido. Ha sido internacional, ha sido campeona de España en 10.000. Ha batallado con las mejores. Ahora, ya sólo falta que el maratón termine de darle la razón. «Abel Antón, sinceramente, me mete mucha caña, pero doy por hecho de que para esta prueba debe ser así. Son 42,195 kilómetros al pie del cañón. Son muchas horas de preparación. Son demasiados días.» Y, en cualquier caso, a los maratonianos casi todo les parece poco, sobre todo en los entrenamientos, en los que Estela podría ser campeona olímpica. Pero, claro, la competición es otra cosa y, antes de triunfar en el maratón de Sevilla, se desesperó en Valencia y, en especial, en Berlín antes de pisar un escenario mítico como la Puerta de Brandeburgo. «Abel me preguntó: "¿por qué te has retirado?", y, en realidad, no supe contestarle.» Porque ella prefiere no engañarse. «Si el maratón es un 65% de cabeza, yo tengo que mejorarla», se convenció y su entrenador, el doble campeón mundial de la distancia en los noventa, volvió a repetirle: «Estela, tú tienes que creértelo y si no te lo crees vamos a tener un problema.»

En realidad, ahora esa misma mujer parece la radiografía del maratoniano/a. «No sólo se trata de correr, sino también de pensar. Y de pensar durante mucho tiempo y en condiciones en las que te puedes sentir muy vulnerable», dice Estela, que, a partir de ahora, tratará de aprovechar esta interesante madurez de atleta. Pudo llegar antes, pero, al menos, llegó antes de que fuese tarde. «Si sólo se tratase de correr, el maratón sería más fácil.» Pero entonces no sería lo que es, perdería su misterio, su literatura célebre, parte de su vida. Así que Estela se siente feliz luchando contra esta bestia de 42,195 kilómetros o explicando a sus dos hermanas mayores, «que apenas tienen idea de atletismo», lo que significan todas esas horas de soledad. «Y a veces hasta se emocionan al escuchar a su hermana pequeña.» Quizá porque entonces se acuerdan de la niña que fue Estela en Navarra, en la década de los noventa. «Entonces jugaba en el equipo de baloncesto, pero como no era de las mejores pasaba mucho tiempo en el banquillo. Y lo que yo deseaba a toda costa era salir para correr más que las demás.» Así que un día se presentó a un campeonato de atletismo regional y lo ganó. Fue el inicio de una buena atleta. «Al menos, he conseguido una trayectoria, una reputación, en la élite». Y todo eso también le ayuda a vencerse a sí misma o a pelear un poco más. Casi veinte años después, ya ha cumplido parte de sus deseos en el maratón, cada vez más alejado de sus peores tentaciones. Otra cosa es que anule sus supersticiones. «No, eso sí que no». Por lo tanto, el próximo maratón, que corra, lo hará con las uñas pintadas de azul, «porque así las llevaba en Sevilla, donde me fue estupendamente». Y, en realidad, esas cosas casi nunca se negocian, tal vez porque llevan razón quienes dicen que toda superstición nace de una debilidad.

Kilómetro 20

«Siempre sacaba la marca que tenía en las piernas»

JUAN CARLOS DE LA OSSA (Tarancón, 1972)
El maratoniano imposible

El problema es no poder hacerlo. El problema no siempre es una cuestión de uno mismo. Es más, el problema, a veces, nunca se soluciona. Por lo tanto, hay que admitirlo con valentía y, a ser posible, sin desconfiar de la vida. Juan Carlos de la Ossa fue la prueba. Ha pasado a la memoria como el maratoniano imposible, pero ya no lo interpreta como una ofensa. «Estoy orgulloso de lo que hice o pude hacer.» Su biografía de atleta, efectivamente, está en alta estima. Durante cinco años seguidos fue campeón de España de cross y, si Sergey Lebid no lo hubiese evitado, también hubiese sido campeón de Europa. Pero en sus últimas temporadas, cuando se preparaba para correr maratón, no hubo manera de que su cuerpo le acompañase. Fue una de esas cosas que pasan en la vida, porque De la Ossa entrenó como un maratoniano. Llegó, incluso, a correr en Londres, pero en el kilómetro 30 se retiró cojeando. Fue el precio de las lesiones que nunca más lo dejaron en paz. Sufrió hasta tres operaciones, pero ni siquiera ese sacrificio fue suficiente. Siempre que subía el kilometraje se le encendía algún piloto, como decía su entrenador. «Supongo que fue el resultado de los riesgos que a diario admite el atleta», señala De la Ossa. «Sin embargo, si no los aceptas, no eres atleta. Yo entrené mucho y muy duro.» Por eso cuando llegó el momento de pasar por el quirófano no se declaró culpable de nada. Fue operado, incluso, por el finlandés Sakari Orava, el doctor House del deporte, el genio de las lesiones musculares, pero aun así tampoco hubo manera de que volviese. «Son las consecuencias de esta profesión», volvió a aceptar, y quizá por eso no haya nadie mejor que él para repasar las dificultades de su diario y, por supuesto, de relatar lo que significa la vida o la censura de un atleta lesionado.

Sus problemas comenzaron antes de los Juegos Olímpicos de Pekín. Entonces apuró mucho para clasificarse en los 10.000 metros y hacer la mínima en el Campeonato de España. Aun así, lo logró en unas condiciones anómalas. «El día anterior sentía tanto dolor que pensaba que no iba a poder correr.» Pero en la pista hizo una carrera memorable. Se quedó a un segundo de su mejor marca y recordó que el dolor de atleta, en realidad, es un enigma. «La diferencia es que cuando entras en calor, casi nunca da la cara.» Sin embargo, eso no significó que el problema se hubiese solucionado, al contrario, «el esfuerzo me obligó a parar después 21 días», en los que De la Ossa no se quedó quieto. No podía a esas alturas: hubiese enterrado toda esperanza de cara a los Juegos. Y, en segundo lugar, porque ya sabemos que los atletas lesionados no se dedican a esperar para recuperarse en el sofá viendo películas. «Comencé a correr en la piscina, donde no hay impactos. Realizaba series con flotador, tres minutos corriendo al máximo por el agua, a todo lo que el corazón daba de sí.» Y, aunque no era lo mismo que salir a correr, no estaba tan mal, porque «quería ir a los Juegos como fuese». Y, al final, fue, porque los atletas a veces arriesgan demasiado para no despedirse de sus sueños. Es la humanidad de esta profesión, la que desafía todo lo posible. «Tuve que ser infiltrado dos días antes de la carrera.» Luego, en la pista de Pekín, no le fue tan mal. «Bajé de los 28 minutos en la carrera más rápida de toda la historia olímpica.» La pregunta, ahora con más frialdad, es si todo eso mereció la pena.

Al volver de esos Juegos Olímpicos, De la Ossa tuvo que ser operado del tendón de Aquiles y de los isquiotibiales no ya sólo para volver a correr. «Llegó un momento en el que no podía hacer vida normal. Al conducir, por ejemplo, me molestaba el glúteo.» Anteriormente, ya había sido operado de una fascitis plantar que, en teoría, iba a acabar con todos sus males y le dejaría hacer maratón. Pero la realidad nunca fue ésa. Ángel Basas, que era su fisioterapeuta, le explicaba la clave en la camilla de masajes. «Tienes una biomecánica complicada que altera la dinámica de carrera». De la Ossa la escuchó durante demasiados años. «Si los deportistas, según su tendencia a lesionarse, se dividen en categorías, Juan Carlos entraba en la de riesgo permanente. Sus palancas de fuerza no se transmiten bien», explica Basas en la terminología lo menos abstracta posible. «Tenía un problema entre el ilíaco y el sacro, y eso llevaba a que la incidencia de las lesiones, en toda la zona de la pelvis, fuese muy alta.» Frente a ese diagnóstico, De la Ossa no pudo luchar a partir de los treinta años. «A veces, sucede», explica Ángel Basas. «La carrera es muy agresiva. Son miles de traumatismos muy repetitivos a la hora, y en el momento en el que volvía a entrenar fuerte, casi siempre aparecía algún problema.» Así fue como De la Ossa admitió que nunca sería maratoniano. «Era imposible. Para una prueba así, no podía bajar de los 200 kilómetros a la semana.»

Su viejo diario, efectivamente, recuerda días duros, en los que la esperanza se alejaba. «Sobre todo, porque un atleta casi nunca es un buen enfermo. No concebimos la vida sin movernos. Estamos demasiado acostumbrados. Tenemos una personalidad muy competitiva. Por eso nos cuesta concebir que una lesión pueda ser un tiempo invertido. Es más, casi siempre recortamos los plazos. Yo recuerdo que a los quince días de ser operado del tendón de Aquiles ya empecé a caminar.» Entonces se sentía orgulloso, pero ahora, años después, De la Ossa prefiere recordar lo que le decía su fisioterapeuta, Ángel Basas, que llegó a tratarle más de tres horas diarias en esos tiempos, en doble sesión, para recuperarlo. «Ángel siempre insistía en lo mismo: "la cabeza del atleta es importante, pero es peligrosa, porque enseguida te pones metas y tratas de recortar plazos", y creo que llevaba razón.» Pero nunca fue fácil convivir con la vida de atleta. Como los genios, son personajes difíciles. Aún más si proceden de la humildad que marcaba a De la Ossa, que empezó a trabajar a los 16 años en una empresa cárnica de Tarancón, en Cuenca. «Mi padre estaba en paro y la familia necesitaba ese dinero.» Se levantaba a las cinco de la mañana y descargaba camiones hasta que a los 25 años se decidió a venir a Madrid, «a una habitación alquilada en un piso del Alto de Extremadura», y demostrarse si realmente podía ser un atleta de élite. Y lo fue. De hecho, fue hasta una garantía en competición. «Siempre sacaba la marca que tenía en las piernas», explica Antonio Serrano, su entrenador, que recuerda su primer entrenamiento realmente duro en Madrid. «Acababa de llegar y no le conocía del todo, pero le mandé un *fartlek*, en el que acabó mareado; pero, sobre todo, me dejó alucinado su capacidad de sufrir.»

De la Ossa admitió el precio de esa vida. «Yo machaqué mucho, lo acepto, pero, de lo contrario, hubiese sido imposible competir a ritmos tan altos.» Todo en esta vida tiene un precio y es algo que a los atletas, independientemente de nuestra categoría, a veces se nos olvida. De la Ossa, sin embargo, nunca lo olvidó. «Yo jamás hice un drama de una lesión. Lo pude llevar mejor o peor, pero sabía que era algo que podía pasar. Los atletas debemos tener presente esta posibilidad. Por eso, antes de arrepentirme, recordé todo lo bueno que había vivido corriendo.» Nunca fue el maratoniano que se pronosticó y, en realidad, fue una pena. Sin embargo, el optimismo le hizo mejor. Y no sólo eso. También le ayudó a encontrar una rápida solución a su vida. «Me saqué el título nacional de entrenador para facilitar el futuro.» Al fin y al cabo, la vida también es un gran maratón en el que nunca se sabe lo que puede pasar. Son las voces ocultas del destino.

Kilómetro 21,097

«Esto empieza cuando te duelen las piernas»

Abel Antón
2.07.57 en Londres 1998
Su mensaje a Estela Navascues

Ahora mismo acabamos de llegar a la media maratón. La carrera va deprisa, no se puede ocultar. Hasta ahora, la mayoría de los atletas han sido de élite, cuyo altísimo ritmo también nos sirve de algo: nos aporta información, nos ayuda a ascender a los cielos y a averiguar nuevos misterios. Es más, nos acompaña en nuestra locura por esta afición en la que los días pasan rápido y en la que el fracaso probablemente no exista. Aún menos en el kilómetro 21, en el que el atleta tal vez conserve intacto ese punto de euforia. Pero aun así todavía es pronto para dejarse llevar por sensaciones extremas. La cabeza debe estar fría. Todavía no hay motivos para el diagnóstico. Y, si los hay, significa que usted ha arriesgado demasiado o se ha equivocado. A veces pasa, y la ventaja es que nunca se olvida. Chema Martínez lo padeció en el maratón de los Juegos Olímpicos de Pekín y lo recordará siempre. Salió embalado en una prueba muy veloz con kilómetros a 2.48. Chema pasó el décimo en primera posición, a un ritmo que, evidentemente, no era el suyo, pero su conciencia no se lo reprochó. «Tenía que hacerlo así. Me había preparado para ser medallista. Si no arriesgaba desde el principio, no hubiera sabido si podía conseguirlo.» El resultado no le dio la razón. «Pero esta vez no me conformaba con un puesto de finalista. No me motivaba. Así que preferí salir así a correr de más a menos. Era la única manera de saber si tenía alguna posibilidad.»

Sin embargo, nuestro maratón es otra cosa. Tiene otras normas, otras leyes, otro estilo. En nuestro escenario, Toni Peña lleva razón: «No hay nada más lógico que asumir un objetivo.» Pero tampoco hay que olvidar la ideología actual de Martín Fiz: «Prefiero la salud a correr un minuto más rápido.» Por eso Guillermo Ferrero ha ordenado que en el Club de la Agrupación Deportiva Marathon digan que no está cuando ese señor de Castellón, de 58 años, llama compulsivamente preguntado por él. «Quiere que le diga al ritmo al que tiene que hacer cuatro series de 2.000, ocho de 1.000 y qué sé yo…, pero no me escucha cuando le digo que a su edad el deporte ha de ser salud.» El entrenador Juan Ramón Muñoz apela desde Catalunya a un perfil más sano: «Creo que no conozco a casi ningún maratoniano que no sea prudente.» Y conoce a demasiados en casi treinta años de atletismo. «Eres tú contra ti misma», justifica Alessandra Aguilar, «lo que te ayuda a entender cuáles son tus límites». Por lo tanto, no es aconsejable desafiarlos demasiado pronto ni descubrirlos demasiado tarde. Así que al paso por la media maratón, es lógico imaginar al atleta todavía feliz, sin tentaciones malvadas. Seamos realistas: aún es prematuro para hablar de la supervivencia; aún no se puede renunciar a nada e, incluso, todavía es pronto para perder el sentido del humor. Aún es prematuro arriesgar, a no ser que a uno no le quede más remedio. Pero esos son casos aislados como pudo ser el de Carles Castillejo en los Juegos de Londres. «Hasta el kilómetro diez iba cómodo, pero en el avituallamiento la bebida me sentó mal. Sufrí flato, me descolgué y para conectar con el grupo tuve que subir el ritmo.» Al final, fue como un suicidio, todo lo contrario que en el maratón de Castellón, donde no tuvo que usar la impaciencia. «Pude correr tan cómodo que hice un parcial de tres minutos entre el kilómetro 40 y 41.» Y es que si se corre en progresión pueden pasar esas cosas. Castillejo insiste: «Yo compararía el maratón a la preparación de una paella, una comida que no se hace en un momento. Hay que poner los ingredientes adecuados y a su debido tiempo para lograr un buen sabor.»

La primera media es la del optimismo; la primera media no pide héroes, ni los necesita siquiera. «Si hay que elegir, lo mejor es que no pase nada», insiste Chema Martínez, «y que se parezca lo más posible a cualquier día de entrenamiento». En realidad, la primera media es como una inversión, un ejercicio de psicología «en la que el atleta corre indefinidamente», explica Enrique Pascual, que fue el entrenador de Abel Antón, doble campeón del mundo. «Nosotros siempre medíamos la carrera cada diez kilómetros y cuando empezábamos a hablar de algún momento crítico, si todo iba bien, ya era en el 35; pero antes no, nunca, ni se nos ocurría.» Así que en esta primera media sigue sin haber motivo para localizar preguntas perversas. Al contrario: los 21 kilómetros iniciales pueden ser la solución a una última semana que a Pablo Villalobos siempre se le ha hecho larga. «Los últimos días pueden resultar agotadores, porque cambias todos tus hábitos de entrenamientos: casi todos estamos deseando que llegue el domingo.» Y cuando llega ese día, en teoría, lo hace con una ventaja. «El atleta, a diferencia de muchos entrenamientos que ha hecho, empieza sin dolores», señala Julio Vicente Rey, el entrenador que dirigió a su hijo Julio hasta la medalla de plata en el Mundial de París 2003. «Por lo tanto, yo no sería tan drástico con la última semana», añade. «No la veo ningún mal. Al menos, es la experiencia que tengo con mis atletas. La mayoría suelen agradecer ese descanso que les ayuda a curar heridas y a regenerar células dañadas.» El psicólogo José Carlos Jaenes agrega que los nervios se quedan sin coartada al empezar la carrera. «A partir del kilómetro cinco ya no existen.» Pero lo cierto es que ahora hemos llegado mucho más lejos. Acabamos de cumplir el kilómetro 21 y estamos en el ecuador. José Manuel García, a estas alturas, también confiaba en la esperanza. El pesimismo casi nunca le dio la lata en la primera media: «La mayoría de maratonianos tenemos un colchón de kilómetros en los entrenamientos que nos ofrece cierta seguridad.»

Guillermo Ferrero podría ir más allá. Siempre les dice a sus corredores que «la idea es hacer la segunda parte un poco mejor que la primera» y pone el ejemplo de los atletas de élite, «que llegan a bajar hasta un minuto en la segunda media». Pero también es realista y sabe que esto es difícil en el caso de los maratonianos populares. «Ahora bien», matiza, «otra cosa es llegar al kilómetro 21 con muchas energías gastadas. Entonces ya no hay nada que hacer: ese atleta es hombre muerto». De ahí que su clásico discurso sea un tratado de prudencia. «Nunca se sabe lo que va a pasar en la segunda media en la que pueden suceder tantas cosas que, a veces, pasan. Puede ser un problema articular, orgánico, una rodilla o hasta un flato si uno se hidrata mal. Son cosas en las que los entrenadores podemos influir menos, porque no dependen de nosotros. Pero si hablamos de la elección del ritmo ya es distinto. Ahí tenemos mucha responsabilidad.» Abel Antón, que llegó a correr en 2.07 en Londres, siempre recuerda que «el maratón realmente comenzaba cuando me dolían las piernas». Por eso concede poco protagonismo a la primera media. Y Estela Navascues, que le escucha casi todos los días en Soria, a 1.100 metros de altitud, parece totalmente convencida. «La primera media sólo es la toma de contacto.» Lo dice con un convencimiento atroz, una actitud que la sitúa en una posición óptima para su próxima batalla en la que Alessandra Aguilar, veterana y triunfadora, siempre tendrá claras las cartas que debe jugar. «Todos tenemos derecho a ser ambiciosos», asegura.

Kilómetro 22

«Algo que no se puede medir en un laboratorio: la motivación»

ALEJANDRO LUCÍA
Catedrático de la Universidad Europea de Madrid

Si la edad es el precio que pagamos por vivir, ¿hasta qué edad se puede correr maratón? Es más, si los maratonianos se identifican por su resistencia a la frustración, ¿qué les puede alejar de esta prueba? ¿Los años? ¿Las lesiones? ¿La desmotivación, quizá? Son preguntas difíciles, así que su respuesta tal vez no sea fácil, pero estamos aquí para intentarlo. En su búsqueda, la primera conversación que me viene a la memoria es la que tuve con Toni Peña, que fue un atleta distinto. Un hombre que se saltó la tradición y que impuso sus propias reglas. A los 22 años, corrió su primer maratón en San Sebastián con una marca de categoría en aquella época: 2 horas y 11 minutos: «La antigua idea decía que un corredor se debía formar cuando era joven en pruebas de mediofondo y aumentar de distancia a medida que pasasen los años.» Y así sucedía en aquellos años. «Había atletas que pasaban al maratón con casi 40 años.» Pero Peña se negó a esperar. «¿Qué sentido tenía eso? ¿Por qué si puedes destacar en distancias largas vas a perder el tiempo en pruebas cortas? Yo ya me había dado cuenta de que nunca sería un gran corredor de 10.000 metros en la pista.» Así que decidió imponer sus propias condiciones sin miedo a la aventura. «Y no creo que me equivocase. De hecho, ahora es lo que hacen los africanos, que pasan al maratón antes de cumplir los 25 años.» Y sigue sin equivocarse Toni Peña: el keniata Patrick Makau es uno de los que siempre le dará la razón. Batió el récord del mundo (2.03.38) a los 24 en el maratón de Berlín 2011.

La siguiente conversación que recupera mi memoria es la que tuve con Martín Fiz cuando hablaba de su mujer Ana Churruca, que había empezado a correr por encima de los 40 años. Fiz recordó entonces que «ser veterano no es sinónimo de declive» y que «una cosa es la edad biológica y otra la deportiva». Su esposa era un exponente racial. Había descubierto una vocación tardía. Apenas archivaba años de grandes entrenamientos. A una edad relativamente alta, su margen de mejora todavía estaba por descubrir. «No digo yo que vaya a acercarse a las tres horas en el maratón», explicaba Martín. «Pero desde que corrió la primera vez hasta ahora ha mejorado su marca en más de una hora.» Sus entrenamientos eran otra prueba más de que los años no nos incapacitan. «Casi siempre se puede dar una vuelta a la tuerca», explica Fiz. «Pero para eso uno debe conocerse muy bien a sí mismo.» Rodrigo Gavela, que también duró hasta una edad alta en competición, realiza una lectura más amplia: «Las categorías de veteranos se han hecho para que la gente no deje de entrenar; pero de ahí a que todos los que superan los 40 años debiesen llevar el cartel de veteranos va una diferencia. Yo sólo considero veterano a alguien que lleve más de 25 años corriendo, porque, a partir de ahí, ya sí se derivan los problemas típicos de la edad.»

Por lo tanto, no parece verdad que la edad nos haga demasiado viejos. Ni siquiera en el maratón, en el que el psiquiatra Luis Rojas Marco todavía fue capaz de parar el reloj, a los 63 años, por debajo de las 4 horas y 30 minutos en Nueva York. «Mi pasión es terminarlo», explicó en la revista *Runners World* un hombre que se aficionó más allá de los 40 años a la carrera. «No había corrido en mi vida. Y me di cuenta que esto tenía un impacto sobre mi estado de ánimo. Descubrí que no hay pastilla frente al estrés y la ansiedad mejor que ésta.» Porque, efectivamente, existen descubrimientos inteligentes, vocaciones tardías que llegan a tiempo y que el doctor Alejandro Lucía, catedrático de fisiología del ejercicio en la Universidad Europea de Madrid, aplaude totalmente. «Correr es lo mejor que hay.» Frente a las voces que menosprecian el esfuerzo, reconoce que «su riesgo nunca será cero», pero también matiza: «Los beneficios del ejercicio siempre serán mayores que sus riesgos.» He hablado varias veces con el doctor Lucía y tiene una conversación importante. Es un fanático del deporte, un apasionado del ciclismo y un apreciable maratoniano. Ha bajado de las tres horas en esta distancia. Ha escrito también mucho de deporte y sobre todo me acuerdo de sus colaboraciones en *El País*, en las que una vez se hizo esa pregunta mágica: «¿Cómo afecta la edad al rendimiento?» Es más, quiso saber lo que dice la ciencia al respecto. Su texto me pareció un hallazgo: «A partir de los 30 años, se acepta que el consumo máximo de oxígeno de los seres humanos va decayendo progresivamente: en un 10% por cada década de la vida.» La consecuencia es que el corazón ya no es capaz de latir tan rápido como antes. Pero el doctor también añadió que «la decadencia es mucho menor en aquellos que siguen entrenándose duro a lo largo de los años». Y, trasladado al Tour de Francia, que era de lo que entonces escribía, estimaba que «si es por cilindrada, la edad no es un factor realmente limitante».

¿Qué inconvenientes tiene la edad entonces en el maratón? ¿No es el precio que pagamos por vivir? ¿No es condición suficiente para alejarnos de nuestras mejores marcas? «Lo que más parece resentirse con el paso de los años es la capacidad de recuperarse de los esfuerzos», señalaba el doctor. «Aunque no se sabe exactamente por qué. Quizás tenga que ver el descenso progresivo que con los años sufren dos hormonas que aceleran la recuperación del tejido muscular: la del crecimiento y la testosterona. Así que pasados los 30 hay que espaciar los entrenamientos duros, recortar el número de carreras por temporada y seleccionar más los objetivos.» El resultado no tendría por qué lamentarse: «No, para nada», escribía Alejandro Lucía. «Con esas premisas, el rendimiento máximo puede seguir siendo igual de bueno a los 35 que a los 25 años. Al menos, en teoría.»

¿Dónde está la diferencia entonces? ¿En la genética acaso? «¿No estamos hartos de oír decir que los grandes campeones nacen?», volvía a preguntarse el doctor Lucía. «Obviamente, los genes condicionan muchos parámetros, como el consumo máximo de oxígeno, el tipo de fibras predominantes, la relación talla-peso... ¡o incluso su motivación! Los genes son todo, en última instancia.» Y entonces se preguntaba: «¿Qué genes hay que estudiar? ¿Los que influyen sobre el músculo? ¿Los que determinan la respuesta del pulmón? ¿Los que actúan sobre corazón? Es difícil saberlo.» Pero lo que seguía sin dudar, antes de terminar su artículo, es que «en el deporte todo es posible hasta que no se demuestre lo contrario». Y, nuevamente, hablaba con letras mayúsculas de «algo que afortunadamente no se puede medir en un laboratorio: la motivación». Su conclusión final era partidaria de esa idea: «Más que en factores estrictamente fisiológicos, debemos pensar en la motivación. Con los años, el deportista tiende a perderla gradualmente. Y sólo con un 100% de motivación se consigue sufrir hasta el límite en el deporte.» Máxime en desafíos excepcionales como en este maratón que iniciamos hace ya 22 kilómetros con una pregunta que actuaba de punto de partida: «¿Qué es lo que quieres hacer realmente?» Pues bien, a partir de ahora, ya no sólo se trata de lo que uno quiera, sino también de lo que pueda: el maratón inicia una etapa más difícil. Por lo tanto, hay que cuidar la motivación. En buena medida, vamos a depender de ella.

Kilómetro 23

«Correr me enseña a hacerme mayor»

José Carlos Jaenes (Sevilla, 1956)
2.33.55 en San Sebastián

¿Todavía tienen alguna duda acerca de la motivación? Si es así es que no han escuchado a José Carlos Jaenes, escritor, psicólogo y profesor de la Facultad del Deporte de la Universidad Pablo Olavide de Sevilla. «Yo empecé a correr en agosto de 1972 viendo a Lasse Viren en los Juegos de Múnich en el 5.000 y el 10.000.» Cuarenta años después, todavía sigue corriendo y haciendo maratón. Su biografía, a estas alturas, ya es casi infinita. Ha cruzado varias generaciones desde aquel verano de 1972 en el que se familiarizó con esta afición por la carrera que, rotundamente, ha marcado su vida. Jamás pudo imaginar que hoy atesoraría tanta información del mundo del corredor, que entonces era una cosa muy periférica. «Salías a correr y los coches te pitaban. Y yo siempre digo que esos camioneros, que antes te insultaban, son los que corren ahora.» Y entonces, probablemente, coincidan con José Carlos Jaenes. Máxime si lo hacen en el parque María Luisa de Sevilla, donde este hombre es una de sus leyes no escritas. Más de cuarenta años después, Jaenes sigue entrenando por esa misma ruta. Cada vez se parece menos al hombre que una vez hizo 2 horas y 33 minutos en maratón, pero la afición sigue siendo soberana. «He corrido 22 maratones y unas doce veces por debajo de 2.40». Algo que ahora ya no es posible para él, nacido en el año 1956, lo que implica que ya tiene una edad.

«El año pasado, en mi último maratón, hice 2.53.» Con esa marca no hace ni falta preguntarle a José Carlos Jaenes cómo se encuentra, porque se intuye. Y, además, él es un hombre que siempre va más allá. Ha escrito su tesis doctoral acerca del maratón popular. Ha invertido años de vida en ella.

«Yo estudiaba bachillerato. Jugaba al fútbol y un día el profesor me pidió que empezase a correr tres vueltas al campo para perder peso. A las tres semanas, me dijo que ya era suficiente, pero yo ya daba 20, porque me gustaba. Luego descubrí que me era imposible dejar esta afición.» Todavía hoy se aplica claramente a esa vida de atleta, que no le ha «castigado en exceso», a pesar de que hasta los 34 años hizo mucha pista con todo el desgaste articular que eso significa. Pero si con 57 años es capaz de entrenar todos los días, o de bajar de tres horas sin agobio, ¿dónde está lo imposible para este hombre? «En realidad, yo ya no vivo como un corredor», explica, «más bien soy una persona normal que corre a la que el maratón, sin abusar nunca de él, le ha ayudado a saber como está física y mentalmente». Y entre los dos han creado un matrimonio que resiste lo que haga falta. «Correr me ha enseñado a hacerme mayor. Me ayuda a aceptar la edad que tengo, y lo admito como una evolución natural: entiendo lo que pasa y no trato de comportarme como un chico joven ni de confundirme físicamente ni de recuperar ritmos del pasado a los que, por circunstancias obvias, ya no puedo llegar.» La edad, efectivamente, es el precio que pagamos por vivir. Por eso Jaenes negocia con sus limitaciones, a las que trata de plantar cara sin volverse loco y recordando que lo de ayer ya no vale para hoy. «Ya no somos tan rápidos.» Y lo dice él, que es un fanático del maratón, una especialidad que entró en su vida en 1972. Cuatro años después, siendo un estudiante, ahorró un dinero y se desplazó a los Juegos de Montreal 76, donde, incluso, llegó a dormir en los parques. Y aquello, que entonces fue un sueño, hoy es un inolvidable recuerdo en el que Jaenes se fotografía a sí mismo «algunos días comiendo nada menos que con Nadia Comaneci en la misma villa olímpica. Yo tenía mucho trato con Mariano Haro y me dejaba su pase, algo que hoy, con las medidas de seguridad que existen, sería impensable en unos

Juegos». Pero entonces no, la vida era otra en aquellos años, quizá más romántica o, simplemente, no tan estricta como ahora.

Son anécdotas que explican el cambio de poderes y hasta de siglo. Entonces José Carlos Jaenes era otro hombre y otro maratoniano, que tenía un mundo entero por descubrir. Hoy, naturalmente, es distinto. «En el parque María Luisa, la mayoría de nosotros sabemos que cada vez es más difícil bajar de tres horas y más fácil lesionarse. Yo mismo tuve el último año una rotura del isquio que me impidió correr maratón.» Pero la inteligencia radica en aceptar las limitaciones y Jaenes sabe que no todo el mundo es así. «Hay gente que llega a esta afición con 45 años y pretende unos niveles de intensidad que no están acordes a lo que puede ni a lo que debe dar.» Acostumbrado a escuchar, consecuencia de una profesión como la psicología que le apasiona, Jaenes siempre recuerda algo que a menudo se olvida. «Uno debe aceptar la realidad tal y como es.» Y, aunque quizá él no siempre fue así, también recuerda que «no hay que dar demasiada importancia a las marcas». Y pone su ejemplo actual: «Yo mismo siempre que preparo un maratón lo hago con el objetivo de bajar de tres horas, y todo se dirige en esa dirección, pero si no lo consigo no pasa nada.» De hecho, una de las veces que ha corrido en Nueva York se fue a 3.01, pero «es que la grandeza del maratón es ésa: entrenes lo que entrenes, te pone en tu sitio, y a veces no sale». Ante eso, no hay que martirizarse, sino solucionarlo sin ansiedad.

«La psicología, en general, es memorable», acepta Jaenes. «Pero sobre todo hay que entender que el aspecto psicológico es entrenable como puede serlo la resistencia o la velocidad. Hay que fortalecer, no hay que reparar nada. Es una habilidad que se puede mejorar. Gracias a ella, aprenderemos a tomar decisiones, a adaptarnos mejor a nuestro cuerpo y a descubrir otras posibilidades.» Sin embargo, sabe, porque son años de profesión, que la práctica no siempre acepta esa lógica. Sabe, porque la experiencia es así, que hay corredores a los que les cuesta admitirlo y que, incluso, algunos hablan con más facilidad de la que escuchan y quizá por eso son los más difíciles de corregir. «Hay gente, por ejemplo, que da mucha importancia a la ansiedad precompetitiva antes de un maratón, y no se quita esa idea de la cabeza.»

Jaenes trata de hacerles ver que no tienen razón. «Yo muchas veces les pregunto por qué y les explico que cuando llegas al km 5 de un maratón los nervios ya se han terminado. Es una prueba demasiado larga. Si me hablas de otra distancia ya es diferente, pero en el maratón la ansiedad no dura mucho».

Por eso, entre psicólogo o atleta, no duda el nivel de dificultad. «Yo creo que es menos difícil ser atleta. Ser psicólogo exige mucha salud mental, mucho trabajo, mucha preparación, mucha lectura... A los psicólogos nos pagan por escuchar, no por hablar en esta vida en la que vamos con prisa a todas partes. Y no hay que olvidar que entras en la parte más íntima del ser humano.» Y, en su caso, son años de trabajo, incluso, con atletas profesionales con los que suele captar rápido la diferencia: «La élite tiene una capacidad de aprendizaje enorme, en una sola sesión captan lo que les quieres decir. Y entonces es cuando te das cuenta de por qué son profesionales, y lo son porque tienen esas cualidades que el resto no tenemos.» Pero eso no implica que los demás no podamos mejorar. «El único que no puede mejorar es el que no lo intenta.» Al fin y al cabo, cada día que pasa es uno más en el que sacar jugo a esa frase célebre de José Carlos Jaenes, psicólogo, escritor y maratoniano, «correr me enseña a hacerme mayor», que no deberíamos olvidar nunca. Ni siquiera la gente que se aficiona a partir de los cuarenta y tantos años. La esposa de Martín Fiz, por ejemplo. Vamos con ella entonces.

Kilómetro 24

«Mi mujer está más enganchada que yo»

ANA CHURRUCA (Vitoria, 1968)
3.52.30 en Vitoria 2012

«Correr es parte de mí. Me da vida.» Hace años era casi impensable que Ana Churruca, la esposa de Martín Fiz, hablase así. «Era fumadora, incluso», recuerda su ilustre marido, que ahora es su entrenador. «Está más enganchada que yo.» Todo empezó con una apuesta en Nueva York, donde Ana terminó su primer maratón en 2008 con 4 horas y 50 minutos. Desde entonces, ha corrido en Berlín, en Sevilla, en Castellón y cuando hablamos con ella preparaba, junto a su marido, un desafío gigantesco: el maratón des Sables por el desierto del Sahara. Acostumbrada a entrenar con la mochila atada a la espalda, reconocía que «no hay un solo día en el que no piense en el desierto, en las dunas, en el frío, en el calor…». Sus entrenamientos se dirigían en esa dirección. De hecho, el fin de semana pasado había completado uno de sus entrenamientos más largos, «la Javierada, los 50 kilómetros que separan Pamplona del Santuario de San Javier a ratos caminando y a ratos corriendo». Pero, sobre todo, Ana, esposa de atleta de élite, mujer que en aquella época no se imaginaba ni en broma en competición, es ahora una atleta poseída por rotundas motivaciones. Su marido supo desafiarle casi sin querer. «Pero quizá lo hice en el sitio más oportuno, en Nueva York, en un maratón que embruja hasta los desconocidos. Y lo cierto es que se lo pregunté con poca fe: "¿no te verías corriendo algún día aquí?", yo mismo daba poco valor a esa pregunta.» Sin embargo, la realidad, cinco años después, eligió otro destino. Martín Fiz lo explica: «Mi mujer entrena con ese punto de ansiedad del atleta que quiere mejorar y que tiene ese margen para hacerlo.»

Hasta entonces, Ana no tenía un gran historial deportivo. «Lo máximo que había hecho era dar gimnasia de mantenimiento a la tercera edad.» Pero nunca fue más allá hasta que su marido le desafió y las circunstancias se aliaron a su favor. «Cerraron la sala Fitness del Estadio de Vitoria y no nos quedó más remedio que empezar a correr.» Primero, se bautizó en la Carrera de la Mujer de París. Desde entonces, Ana maneja ambiciones cada vez más altas. Su marido es su termómetro, lo que no indica que sea tan fácil para él. «No es sencillo sumar este aspecto a una relación de pareja de 24 horas. No siempre es fácil superar los momentos más duros, los entrenamientos más largos y más incomodos.» Pero quizá no es más que una prolongación de lo que pasaba ayer cuando Fiz vivía por y para el maratón. De alguna manera, la gran diferencia es que se han invertido los papeles. «Ahora es ella la que entiende perfectamente cómo era yo entonces.» Su vida era de manual y no había forma de interrumpir los días. «De cara a los demás, yo parecía muy egocéntrico, hipotecaba mi vida social y en los viajes apenas salía de la habitación del hotel para descansar», admite Fiz. «Pero es que tenía que ser así.» Y todo eso que Ana vivió como esposa ahora es ella (a otra escala, naturalmente) la que lo interpreta en su propia carne. «La última vez que viajamos al maratón de Sevilla yo tenía que ir a trabajar a la Feria del Corredor y era ella la que se quedaba en la habitación con el "biberón": agua y sales minerales, para hidratarse para la prueba.» Y a Martín no le molesta, todo lo contrario, porque la siente feliz, motivada e involucrada con una afición que siempre se llevará muchas horas. «No conozco otra forma de lograr lo que pretendes», insiste Fiz, que estima que su mujer puede llegar hasta las 3 horas y 45 minutos en un maratón urbano. «El tope creo que está ahí.» Y, si no pasa nada, será el próximo objetivo en su libro de ruta. «Y no me parece mal buscarlo, porque sé que a ella le gusta. Yo veo lo que entrena, lo que lo vive o lo que se esfuerza. Y, sinceramente, es un placer ver cómo ha mejorado su calidad de vida. ¡Antes era fumadora! Ahora, hemos llegado a hacer entrenamientos de diez series de 1.000 metros o de cinco de 2.000. Y no es fácil. Cuando le digo a chavales de 15 o 16 años que una mujer de 45 hace estos entrenos ponen el grito en el cielo. Es más, ni se atreven a intentarlo. Sólo pensarlo les da pereza.»

La realidad es que nunca es tarde para cambiar de vida. La mujer de Fiz es la prueba. «Al principio, se conformaba con llegar a meta; ahora no, ahora se prepara para lograr una marca.» Y Fiz no sólo sufre con ella. También sufre por ella «y con toda la gente que entreno, porque sé lo que significa para ellos, veo el tiempo y el esfuerzo invertido. No sé lo que sufrirán Del Bosque o Guardiola en el banquillo, pero yo cada vez que veo a un atleta que he preparado en competición lo siento como una parte de mi cuerpo». Fiz entrena en Vitoria a un grupo variado, entre los que hay atletas de élite y aficionados como su mujer. Y son estos últimos los que más le están enseñando. «Para mí, preparar a un maratoniano profesional no tiene gran misterio. He estado demasiados años al pie del cañón. A estas alturas de mi vida, hay pocas cosas que puedan sorprenderme.» Sin embargo, los aficionados son otra historia. «El gran error es pensar que puedes hacer un plan para casi todos igual. Una vez que tratas con ellos te das cuenta de que es imposible. Yo tengo a albañiles en mi grupo y es gente que cuando llega a entrenar ya lo hace con la musculatura castigada, porque ha pasado de pie gran parte de las horas del día. No es lo mismo que, por ejemplo, un banquero que está casi todo el día sentado. Y no es que menosprecie su trabajo, porque también tiene sus connotaciones. Sin ir más lejos, uno de los atletas que preparo es director de Recursos Humanos del Banco de Santander y, con la situación laboral actual, está sometido a un estrés muy fuerte que tolera porque es un tipo fuerte y consistente. Pero lo que, en definitiva, trato de decir es que, si haces un trabajo físico en tu jornada laboral, es más difícil seguir un plan. Sobre todo a partir de los cuarenta años. Los tiempos de recuperación son necesariamente más largos.»

El caso es que los objetivos, de una u otra forma, son necesarios. Martín Fiz, incluso, va más lejos. Dice que son los objetivos los que justifican los deseos. «Sinceramente, creo que es más fácil ser atleta que entrenador», explica. «Yo sufro muchísimo cada vez que veo a un corredor que he preparado, sea mi mujer o cualquier otro, en competición y hasta que no pasa la meta no se me acaba esa inquietud.» Quizá porque el entrenador, a diferencia del atleta, no depende de sí mismo. O quizá porque la motivación es algo más que pelear por un primer puesto o una medalla olímpica. La motivación, como la vida, puede ser infinita. Por eso Martín concede tanto valor a las anónimas aspiraciones de su esposa en carrera, «siempre y cuando sean realistas», reitera. «A nuestras edades ya sabemos hasta donde podemos llegar. Los pecados de juventud ya se acabaron». Y quizá ese sea el gran secreto de esta afición en la que uno puede actuar al aire libre y realizar encantadores negocios consigo mismo... En realidad, es la educación del maratón, la que ahora mismo ya empieza a tenernos en vilo. La pancarta del kilómetro 25 está a la vista.

Kilómetro 25

«Los objetivos que no dependen de nosotros no son objetivos»

PATRICIA RAMÍREZ LOEFFLER (1973)
Psicóloga deportiva y escritora

Frente al destino, hay una idea de la psicóloga Patricia Ramírez que vale para expresar los kilómetros que nos quedan del maratón. «La gente no quiere pasarlo mal, y todo se quiere hacer bajo un estado de bienestar, pero la vida no es un camino de rosas.» Patricia ha trabajado con atletas de élite como el mediofondista Diego Ruiz o el marchador Paquillo Fernández. Ha escrito un libro, *Entrénate para la vida*, en el que te hace preguntas que yo, personalmente, no dudaría en aplicar al maratón: «¿Sabes que te puedo entrenar para ser feliz?» Y después nos hace parte de ella misma («pase lo que pase, yo tengo que hacer que pase») y de su extraordinario compromiso con la vida. «No se puede pasar por esta vida sin pena ni gloria.» Así que los objetivos que nos esperan a partir de ahora, hasta el kilómetro 42, claro que tienen todo el sentido. Hay que acordarse de Patricia o, por lo menos, de otra frase suya en la que dice que «los fracasos sólo son momentáneos» y, en cualquier caso, reserva esta palabra «únicamente para los que no lo intentan». Así que, aunque en este kilómetro ya empecemos a sentirnos cansados, tenemos todo el derecho del mundo para ser positivos. «Las emociones nos recuerdan que estamos vivos.» En su libro, Patricia no lo olvida nunca. Nosotros tampoco deberíamos hacerlo y menos ahora que afrontamos la parte decisiva del maratón. El entrenador Juan Carlos Granado ya recordó que «entre el kilómetro 25 y 30 la carrera te saca la mínima debilidad». Si nos dejamos aconsejar por Patricia, estos kilometros se pueden pasar con buena nota. «Afrontar los malos tiempos sin tensión y enfocarlos con sentido del humor, en lugar de con miedo, puede servirnos como antídoto frente a los bloqueos.»

He entrevistado varias veces a Patricia Ramírez en las que, en general, no se vanagloria de ser como es. Ha alcanzado un éxito importante, una legión de seguidores que en las redes sociales ya supera los 40.000 con los que ella comparte parte de su vida. «Veo una media de diez pacientes al día, hago mis reflexiones y saco mis conclusiones, que son las que expreso en Twitter.» A veces, aporta cosas muy valiosas en esos 140 caracteres. «A disfrutar, también se aprende», dice. «Como propósito, me parece de lo más interesante y enriquecedor.» También se acuerda de una vieja frase de Henry Ford («si crees que eres capaz de hacerlo, tienes razón») y, de cara a cualquier desafío, acostumbra a recordar: «Es más peligroso decepcionarte a ti mismo que decepcionar a los demás. No tengas miedo a tomar decisiones que otros no van a entender.» De ahí la lógica de esta mujer que, en su escritura, se alía casi por inercia con nuestra vida de maratonianos. «Hombres y mujeres nunca están lo suficientemente ocupados como para dejar de luchar por lo que desean.» También asegura que «lo que interesa no se olvida» y te pide que aprendas a desconectar del trabajo o que «pongas un horario a tu teléfono». Incluso se muestra convencida de que «las empresas deberían aprender más del deporte» y, en definitiva, por cosas como éstas es por lo que ahora, en el kilómetro 25, antes de lanzarse al océano del maratón, yo pongo de ejemplo a Patricia Ramírez Loeffler. No hay que idealizar a nadie, ni siquiera a su lenguaje, pero da la sensación de que esta mujer nos llena de argumentos frente a la dificultad. «Acepta que la incertidumbre y el miedo a lo desconocido forman parte del progreso», añade. «No esperes a estar completamente seguro para actuar.»

El maratón, efectivamente, ya ha empezado sus kilómetros más severos. Cada vez tenemos menos margen de seguridad. La primera medida está clara: no dejar de ser nosotros mismos. «Tú no eres lento ni menos ágil ni más torpe...», explica, «deja de compararte, sólo llevas otro ritmo, el tuyo». Por eso Patricia considera un héroe «a todo aquel que se esfuerza para cumplir sus objetivos». En ese sentido el deporte es una maravillosa fuente de aprendizaje en el que ella ha conocido «a gente pasional, emocional y racional que saben que existen tres posibilidades: ganar, perder o empatar. Y todos quieren ganar, incluso cuando el rival es superior». Así que esa idea se identifica con nosotros, que, frente al maratón, no queremos dar nuestro brazo a torcer de ninguna manera. «Ante la derrota, hay que ser muy valiente y ante la victoria muy humilde», me explicó una vez cuando le pregunté si la derrota podía llegar a ser inaguantable. Patricia dijo que no. Es más, se acordó de las cosas que somos capaces de hacer cuando nos sentimos en desventaja. Y entonces habló de estos tiempos de crisis «que han ayudado a resurgir a las personas solidarias», porque «todas las crisis, como pasa con las dificultades, sirven para reinventarnos. Nos habíamos acostumbrado a pensar que tanto tienes tanto vales», añadió. «Sin embargo, ahora que nadie tiene nada se han recuperado los valores de la persona. Han aparecido atrevidos para tirar de los indecisos. Ha aparecido gente como José María Gallego, un empresario de Sevilla, que en tres años ha montado cuarenta y tantas clínicas dentales y, al mismo tiempo, se preparaba para correr el maratón de Nueva York.»

En realidad, los maratonianos somos un reflejo idóneo de esa cultura del esfuerzo. Tenemos, por lo tanto, algo a nuestro favor. Sólo debemos convencernos de ello en los siguientes kilómetros, en los que Patricia siempre te recordaría que «tú puedes intervenir en tu suerte, crear oportunidades y salir a por ellas». Y te pedirá que pienses «en lo que tienes que acertar en vez de en lo que puedes fallar». Frente al cansancio de piernas, cada kilómetro que pasa más amenazante, siempre existirá nuestra voluntad. Hay que hacerla caso. A fin de cuentas, los maratonianos también somos protagonistas en la escritura de Patricia Ramírez, que por ahora no se imagina corriendo maratón. «No tengo tiempo para invertir esas dos o tres horas diarias que demanda el entrenamiento. De hecho, cuando José María Gallego empezó a preparar el maratón, me pidió que le acompañase, pero ahora mismo no me puedo engañar: no dispongo de ese tiempo.» Ahora lo necesita para sus dos hijos, para leer, para escribir... «Soy la que más aprendí con mi libro que hubiese sido imposible sin la experiencia que he tenido con deportistas, pacientes y entrenadores. Ellos han sido mi fuente de inspiración, los que me han permitido pensar para dar soluciones.» Y en su manera de pensar la derrota no se siente cómoda. Al menos del modo que la interpreta Patricia, que apela siempre al poder de la mente. «Si sabemos que tiene un porcentaje muy relevante de participación en el éxito, ¿cómo no la vamos a entrenar?»

Patricia le hizo durante mucho tiempo esta pregunta a Paquillo Fernández, el marchador que fue plata olímpica en los Juegos de Atenas 2004 y que se refiere a ella como «la persona que me enseñó a convivir con la frustración». Quizá porque hay que saber que la frustración también existe y que siempre será más fácil de tolerar si se cuenta con un libro de ruta: «Los objetivos que no dependen de nosotros no son objetivos», insiste Patricia, esa mujer que lucha contra los desordenes psicológicos que, al final, casi siempre lo complican todo. Y, a partir del kilómetro 25 del maratón, tampoco podemos engañarnos: hay bastantes dificultades que torear. Así que, sinceramente, yo trataría de no perder de vista a Patricia Ramírez Loeffler ni a su hoja de servicios. «Hace 25 años, la psicología deportiva era una ilusión; hoy es una realidad.» Y, llegados a este punto, hay que ensalzar su importancia. De hecho, un portento de la naturaleza como Ángel David Rodríguez, capaz de correr los 100 metros en 10,4 segundos, lo admite. Y eso que él nunca ha llegado a realizar 25 kilómetros seguidos. Pero no porque no pueda, sino porque ni se lo imagina.

Kilómetro 26

«¿Por qué los velocistas admiramos a los maratonianos?»

Ángel David Rodríguez (Madrid, 1980)
El velocista que nunca hará maratón

«Es una buena pregunta, aunque demasiado fácil de contestar. Todo lo que sea una distancia superior a los 800 metros me parece una barbaridad», explica Ángel David Rodríguez, el plusmarquista español de 100 metros (10.14) y de 60 (6.55) que, decididamente, nunca llegará al kilómetro 26 de un maratón. «Mi sitio no estará jamás allí y ni siquiera en la línea de salida», interrumpe. «Admiro muchísimo a todos esos héroes, pero soy incapaz de imaginarme corriendo más de dos y tres horas como hacen los maratonianos. Es más, no creo ni que pudiese. Mi cuerpo no me lo consentiría. Así que no le voy a pedir algo que sé que no me va a dar. Ahora bien, eso no quita que admire la fuerza de voluntad de los fondistas o que me pliegue ante cosas como las que me contaba Chema Martínez después de terminar el maratón de un Mundial en verano. "Al fin, me voy a tomar un día libre", me decía, "porque llevo 70 seguidos sin descansar". Yo he llegado a hacer 31 de golpe y ya me parecieron demasiados…, así que no quiero ni pensar lo que son 71. ¡Es más del doble!»

Ángel David tiene una ventaja: está acostumbrado a la convivencia con fondistas en su hábitat de trabajo. «Como casi todos los días con ellos en la residencia Blume.» Y entonces se da cuenta de que existen unos cuantos paralelismos, porque «en ambos casos debemos estar muy pendientes de la comida». En realidad, es la constante de toda una vida. «A los 18 años, entré interno en la Blume y, desde entonces, he comprobado que el atletismo, en cualquier modalidad, te hace ser una persona muy realista.» Por eso Ángel David apenas juega con la imaginación en su cerebro. «Mis músculos están acostumbrados a una fatiga distinta a la del maratoniano», insiste antes de poner su biografía como prueba. «Yo nunca he llegado a correr más de 10 kilómetros seguidos, y eso fue hace muchísimos años. Tenía 16. Fue en la Carrera del Agua de Madrid e hice 41 minutos.» También se acuerda de aquella vez en la que llegó «a hacer 1.000 metros en 2.48». Pero en los últimos 17 años de su vida, gobernados absolutamente por la velocidad, Ángel David no ha vuelto a escribir otro episodio de ese tipo. «Mi corazón, mi sistema nervioso, mi propia mentalidad no tiene nada que ver con la de un fondista: ellos empiezan descansados, ellos siempre pueden ir un poco más rápido; ellos pueden desarrollar una determinada táctica que puede o no puede salir. Sin embargo, en los 100 metros, no existe esa posibilidad: cuando escuchas el pistoletazo de salida, ya tienes el corazón revolucionado de pulsaciones, yo puedo estar fácilmente por encima de las 170. Y no sólo eso, sino que en mi prueba no hay oportunidades para el que no sea el mejor. En realidad, los 100 metros son como la Fórmula 1 en la que el coche bueno gana siempre. Y, eso sí, si logras marcas sabes que será la vez que más rápido corras en tu vida y que, después de esos diez segundos, se te saldrán los gemelos, te dolerán los bíceps femorales, el ácido láctico te llegará a la cabeza..., el maratón, sin embargo, es otra cosa, sigue un proceso distinto.»

Ángel David insiste: «En realidad, es el mismo deporte y la base es la misma: se trata de llevar el cuerpo al límite. Pero, a partir de ahí, los contrastes son enormes. Yo siempre digo que hay más diferencia entre un 100 y un 800 que entre un 1.500 y un maratón.» Recuerda, incluso, que «un hombre como Abel Antón, que empezó haciendo 1.500, acabó siendo campeón mundial de maratón. Pero es que Antón era de los lentos en 1.500. Sus posibilidades siempre crecieron a medida que aumentó de distancia, pero ese no es mi caso ni el de casi ningún velocista». En su discurso, Ángel David no hace más que añadir diferencias: «Nosotros calentamos hora y cuarto para correr 10 segundos, ¿acaso un maratoniano entendería esto?» El resto de la semana también radiografía otra crónica de trabajo: «Nuestras sesiones no duran más de 40 minutos. Si bajo a entrenar a la Casa de Campo, lo máximo que hago es el circuito del Lago, mientras que un maratoniano se interna por el bosque y nunca se sabe cuando regresa.» En el fondo, son escenarios tan distintos que a Ángel David le resultan incomparables: «Yo puedo hacer cuatro o cinco días de calidad a la semana al 85% o 90%, algo que un maratoniano no puede permitirse ni en broma. Sí es verdad que hacen muchos kilómetros a un ritmo más que decente, pero eso de poner el corazón al límite como hace un velocista... Yo perfectamente puedo hacer 200 por debajo de 22 segundos; series de 80 metros a ritmo de competición del 100 o un 300 a fuego en 33 segundos. Las palizas para el corazón son tremendas. De hecho, yo he tenido compañeros a los que los médicos les recomendaron que subiesen resistencia para no exigir ritmos tan intensos a su corazón.»

La realidad es que si, por cualquier razón, mañana Ángel David se decidiese a hacer maratón sería como si cambiase de familia. «Totalmente», admite. «Por ejemplo, ya no tendría que hacer una sentadilla completa de 150 kilos, cosa que no creo que haya maratoniano en el mundo que la haga.» Pero también supone que le costaría admitir la severidad ideológica de los 42,195 kilómetros. «Sé lo que es que un compañero, al que le ves machacarse a diario, te diga que su prueba sólo le permite competir dos veces al año. Te quedas pálido al escucharle y eso claro que es duro.» En ese sentido, Ángel David admite lo evidente, «el maratón puede ser muy desagradecido, y no es algo que diga yo, sino que lo dicen ellos mismos». Así que, hasta cierto punto, él se siente un privilegiado al compararse con ellos. «Al cien por cien, a intensidad máxima, yo puedo hacer 6 o 7 carreras de 100 al año.» Aunque reconoce que ha tenido épocas «en las que llegué a hacer 25». Por lo tanto, su vida es otra, demasiado diferente como para igualarse algún día a la de los maratonianos. «Se trata de otra materia prima. Al igual que yo nunca seré tan explosivo como los velocistas de Jamaica, es prácticamente imposible que pueda acostumbrar mi cuerpo a esfuerzos de larga duración. Hay gente que lo ha hecho como Nacho Pérez, que, después de hacer salto de altura, ahora le ha dado por el maratón. Pero yo he de ser realista. Sé que ahora el maratón está muy de moda y que llama mucho a la gente. Tengo amigos que me lo dicen. Pero lo que no entiendo es que haya gente que, sin ninguna cultura deportiva, se la juegue literalmente al correr esta prueba.» La ideología de Ángel David no se lo permite de ninguna manera. «Hay quienes me ponen el ejemplo de Luismi Berlanas, que, después de retirarse de la élite en los 3.000 obstáculos, ha hecho maratón en 2 horas y 17 minutos como aficionado. Pero yo siempre les digo que para preparar su prueba Luismi llegaba en una semana normal a los 120 kilómetros. Y eso es algo a lo que yo no me he aproximado en mi vida.»

Kilómetro 27

«Mi maratón más fácil fue el más rápido»

MIGUEL ÁNGEL MOSTAZA (Zamora, 1955)
Maratoniano y mánager de atletas

Su biografía seguramente sea incansable. Su vida es el resultado de un corazón apasionante que razona cada uno de sus sueños. Su código de barras está permanentemente asociado al deporte «al fútbol, a la pelota vasca, al atletismo, a lo que fuese» desde su primera niñez en el País Vasco. Luego, llegó a ser un futbolista anónimo en Regional Preferente, donde desconfiaba de las batallas perdidas. Así que años después, cuando Miguel Ángel Mostaza se decidió a probar en el maratón, no era ningún neófito. Tenía una base que en su primera vez le permitió atravesar, orgulloso, la meta. «No había entrenado apenas, pero hice una apuesta con un amigo de la Facultad de que yo terminaba un maratón». Así empezaron muchos en su época, en los maravillosos años ochenta, en los que Mostaza pretendió especializarse en la distancia. Trabajaba ya en la sanidad pública, como fisioterapeuta en el hospital de La Princesa. Acostumbraba a ir por las tardes al parque del Retiro, donde se aproximaba «a los 125 kilómetros semanales», lo que le dio para hacer 2 horas y 31 minutos en el maratón de Madrid. Pudo, incluso, ascender de categoría. «Yo creo que si entonces no bajé de 2.30 fue porque en esa época estaba construyendo mi casa y prácticamente ejercía como jefe de obra. Apenas tenía tiempo para descansar. Mi cabeza estaba demasiado ocupada.» Pero ya no se lo reprocha. De hecho, en los quince maratones que corrió, Mostaza asegura que nunca se obsesionó gran cosa. «Me gustaba exigirme, porque es algo que te pide el cuerpo, pero nada más.» Buscaba el sentido común y por eso, al final, le ocurrió algo casi apasionante. «El maratón que me resultó más fácil fue el que más rápido corrí, porque tenía una preparación. Al fin y al cabo, el maratón son años de preparación y, en realidad, eso es lo que con el tiempo te permite hacer entrenamientos que al principio te parecen imposibles. Yo recuerdo el día que llegué a hacer dos series de 10.000, a 34.00 minutos y a 36.00 minutos con 10 de recuperación en el Retiro… Entonces mi cuerpo lo admitió como algo natural. Tenía una base que era el resultado de años.»

Hace tiempo que Mostaza dejó de correr el maratón. «Quizá porque el tiempo pasa o quizá porque esta distancia exige demasiado tiempo y, no sé, cuando uno se da cuenta de que ya no hay posibilidad de mejorar es diferente: las prioridades cambian. Uno se pregunta: "¿realmente te compensa si ya no te vas a acercar a lo que has hecho?", y en mi caso la respuesta fue que no.» A pesar de todo, nunca renunciará a correr. «Ahora, lo compagino con la bicicleta, que, a nivel muscular viene muy bien, pero claro que sigo corriendo. Sería incapaz de prescindir de ello. Quiero ser atleta para toda la vida. Ayer mismo, salí con mi hijo e hicimos 12 kilómetros a 4.45 cada uno». A los 58 años, sigue siendo un hombre activo, que se niega a apagar el entusiasmo. La diferencia es que ahora el atletismo es su medio de vida. A otro modo, como mánager de atletas, como no hubiese imaginado nunca en 1985 cuando comenzó a colaborar como fisioterapeuta con la Federación Española. Así estuvo hasta los Juegos Olímpicos de Seúl de 1988, cuando el destino le ofreció jugar otras cartas. «Conocí a José Luis González, el mítico atleta de 1.500, en una concentración en Canarias. Entonces era una época distinta en la que los atletas negociaban por ellos mismos. No tenían a nadie que lo hiciese por ellos. Me pidió si podía ayudarle.» En realidad, Mostaza tenía un perfil distinto. Era un hombre muy sociable que hablaba cinco idiomas. También reunía otro requisito que entonces no estaba tan de moda: adoraba el atletismo. Había sido uno de esos atletas que empezó con el romántico movimiento de los maratones en España, «cuando no sabíamos ni cuáles eran las zapatillas ideales para correr». El romanticismo le concedió permiso para abrir un camino. No fue tan fácil, porque, de repente, sus días se quedaron sin horas. Su teléfono prácticamente se convirtió en su oficina. Se convirtió en mánager de los atletas más reputados del país y, por supuesto, entre ellos estaban los maratonianos: Martín Fiz, Abel Antón, Alberto Juzdado, Toni Peña, el fallecido Diego García... Comenzó a hacer de todo y descubrió una vocación de la que no podía sospechar. «Sabes que debes estar ahí para todo en la vida del atleta, desde asesorarle acerca de sus rivales hasta luchar por conseguirle la mejor calle en las pruebas de pista de la Golden League.» Hoy, ya han pasado más de veinte años, pero sigue, preso de la actividad, al pie del cañón. Incapaz de divorciarse de una actividad que le llena, ha cruzado varias veces el mundo, pero quizá nunca sufrió tanto como en aquel maratón que ganó Josia Thugwane, un atleta sudafricano que no figuraba en ninguna parte. No era su maratón. Era el maratón de Martín Fiz, que llegaba como nunca a esos Juegos Olímpicos de Atlanta 96. Su medalla parecía escrita, pero ese día los 42,195 kilómetros desobedecieron la promesa. Quizá fue Martín el que reaccionó tarde, el caso es que Mostaza no lo olvidará jamás:

«Ninguno de los africanos que le ganaron era mejor que él. Entonces era la época de Martín. Todavía no habían llegado los entrenadores europeos a África para enseñar a sus atletas a preparar esta distancia. Pero ese día el calor le afectó muchísimo o es que, simplemente, el maratón es así», explica Mostaza, que acepta la severa ideología de esta prueba. «Hay veces que me preguntan en qué se parece el maratoniano aficionado al profesional y contesto en voz alta: "en nada, son dos mundos incomparables". Y lo digo con causa, porque conozco los dos. Y claro que sé que hay maratonianos amateurs que entrenan como bestias. Pero aun así insisto en que no se parecen en nada excepto en una cosa: la inseguridad de la prueba. Es una inseguridad que atenaza a todos por igual, tú puedes ir estupendamente hasta el kilómetro 40 y pensar que ya no queda nada y sí, en realidad, es poco lo que queda, pero en esos dos kilómetros lo puedes perder todo.» De ahí que Mostaza juzgue el maratón como una prueba con demasiada reputación. Sus misterios forman parte de la vida, que no ha averiguado el modo de resolverlos. «Yo diría que es casi imposible. Nunca hay dos maratones iguales, nunca puedes asegurar lo que va a pasar». Por eso entiende el carácter de los japoneses en ciudades de 13 millones de habitantes como Tokio, donde el maratón, como en el resto del país, es una maravillosa religión. «El japonés no acostumbra a relacionarse demasiado, más bien es un hombre que prefiere la intimidad, el misticismo, y el maratón es un reflejo perfecto. Por eso insisten tanto en la soledad del corredor de fondo que te ayuda a reencontrarte contigo mismo, a pensar en tu vida, en tus proyectos, a mejorar tus relaciones, tus ideas. De alguna manera ellos piensan que no hay nada que no se pueda mejorar corriendo.»

Quizá lleven hasta razón, ¿quién sabe?, porque el maratón posee un corazón genial «que cuando realmente se descubre es cuando uno se exige marca personal. Es algo que tarde o temprano nos acaba pasando a casi todos». Y Mostaza no lo ve mal. «Yo disfruté muchísimo en mi época. Era increíble. Cada día era mejor que el anterior. Cuando ves que tu cuerpo tiene esa capacidad de adaptación a la distancia es muy difícil renunciar a ella. Recuerdo con pasión aquellas tardes en el Retiro después de trabajar. Es algo que nunca olvidaré, pero que para mí ya pasó. No tendría sentido volver atrás. Ahora mismo, ya no podría, mi cuerpo no me dejaría hacer lo que hice.» Por eso no le gusta personalizar demasiado en él. «Yo sólo puedo hablar del maratón en pasado. Aproveché mi edad y mi momento. No me puedo reprochar nada de lo que hice.» Descubrió un amor verdadero. Una obra maestra, que supo dirigirle en una batalla feliz, en la que seguramente se puede pedir prestada esta cita de Nelson Mandela: «Una buena cabeza y un buen corazón son una combinación formidable.»

Kilómetro 28

«Aprovechaba el recreo para sumar kilómetros»

Isidro López (Urda, Toledo, 1953)
2.28.40 en Sevilla 1988
Creador de Bikila y maratoniano

En los años ochenta, Isidro López trabajaba en la educación. Era profesor de Historia y Latín en la Fundación Caldeiro, en la avenida de los Toreros de Madrid, un colegio que va grabado en su corazón. En realidad, más que un trabajo, Isidro ejercía una vocación de la que se responsabilizó demasiado pronto. Él no fue un muchacho de ciudad. Al contrario. Su infancia se desarrolló en un medio absolutamente rural lo que tal vez glorificó su ansia por conocer otros mundos. «Yo crecí en Urda (Toledo) de la manera más primitiva que hoy en día pueda imaginarse.» Isidro ni siquiera sabía entonces que existía el maratón. Pero cuando daba clases en la Fundación Caldeiro ya sí lo sabía y, además, tenía una ventaja parecida a la de los etíopes criados en las tierras altas de Adís Abeba. De niño, se desplazaba corriendo por los prados con alpargatas o, incluso, descalzo. Así que cuando desafió el maratón partió con ventaja: tenía una base. Sólo le hizo falta comprometerse y en ese sentido no hubo problema. «Siempre preparé el maratón con intensidad, con rigurosidad para cumplir con lo que me propuse. Guardaba el respeto lógico a la distancia. Sabía que uno no podía ir a la línea de salida con poco entrenamiento. Sabía que, a partir de ciertos kilómetros, las fuerzas se agotaban y uno lo iba a pasar mal. Sabía que, a partir de entonces, tenía que tirar de orgullo, de sacrificio… Pero, claro, durante meses me había preparado para ese momento.» A los 61 años, Isidro, que ya dejó de ser profesor, hace un viaje racional por el maratón. Corrió 14 en su vida y se retiró con una mejor marca de 2.28.40 en Sevilla que, para él, fue una victoria. Aunque, a decir verdad, Isidro se niega a hablar del maratón con esos tintes épicos que se acostumbra. Se atreve, incluso, a decir que «disfrutó más de lo que sufrió». Por eso no se identifica tanto con «esa gente que habla del maratón y rápidamente lo asocia al sufrimiento. Yo siempre lo he interpretado como algo voluntario o como un objetivo que fui acercando cada vez más a mi vida y que me demostró que era posible conseguir». En el tránsito descubrió que no iba a ser una cosa fácil. «No, porque el maratón es para buenos estudiantes, para gente aplicada o que, como mínimo, sepa aplicarse. Sus características lo hacen así: tienes que estar en guardia casi permanentemente, tienes que procurar tomar las decisiones correctas…»

En sus años de maratoniano, Isidro no tenía el horario perfecto. «Tenía jornada partida en el colegio y debía aprovechar los momentos libres, incluso a la hora del recreo, esa media hora me podía venir bien para sumar kilómetros.» Su desahogo estaba en las vacaciones, en las que aprovechaba, incluso, para doblar. «Yo recuerdo vacaciones de Navidad en las que entrenaba mañana y tarde.» Aun así, seguía sin ser una vida fácil para un padre de familia. «Entonces yo ya tenía cuatro hijos.» Todavía hoy le resulta extraño pensar en todo aquello «que no hubiera sido posible si no es por el apoyo de mi mujer, a la cual le debo el 50% de lo que pude conseguir en el maratón». Su compromiso le acompañó a casi todas partes. «En aquella época he de reconocer que sí, que el maratón cobró importancia.» El desafío le llevó a protagonizar días diferentes. «Cuando íbamos al pueblo los fines de semana, yo aprovechaba los últimos 20 kilómetros del viaje para bajarme del coche y ponerme a correr. Mi mujer me marcaba entonces con el claxon cada kilómetro, que podían salirme entre 3.20 y 3.30.» Era como una metáfora de las dificultades de esos años, en los que no había medios tan generosos como los de ahora. «Sería en los años ochenta cuando, naturalmente, no teníamos todas estas facilidades: yo no podía ni soñar con un GPS que te marcase cada kilómetro. Era inimaginable y ni se te ocurría pensar en algo así.»

Comprometido con esta distancia, Isidro fue un hombre feliz. «Tenía una vida cómoda y agradecida como profesor, pero austera por el sueldo escaso y no todas las necesidades se podían cubrir.» Por eso decidió arriesgar en lo laboral, que es lo que le ha permitido ser lo que es hoy. «No pedí la excedencia en el colegio», recuerda. «Pedí la cuenta para capitalizar el paro y poder abrir la tienda.» Fue en el año 1988 cuando nació Bikila, ese conglomerado de tiendas especializadas en atletismo, que hoy prácticamente es un imperio. «El resultado ha sido un éxito», admite, «pero quedó mucha vida en el camino». El objetivo inicial no era ése. «Mi idea era la de poner una tienda para que la dirigiese mi mujer y yo pudiese continuar con mis clases, pero el negocio creció tanto que debí abandonar la enseñanza.» Al fondo quedan 25 años, que pasaron deprisa y que descubren enormes diferencias. «Ahora, los atletas tienen el mejor material del mundo, pero me parece que ya no es como antes.» Isidro acude a su día a día en la tienda: «Yo atiendo a muchos clientes que, más que fiebre por correr, sienten calentura. Algunos cuando se van a comprar unas zapatillas, antes de saber si son las que realmente necesitan, lo primero que hacen es mirarse al espejo para ver qué tal les sientan.» Pero quizá sea la influencia de los nuevos tiempos o de esta sociedad de consumo. «Correr ahora es una moda en la que la cuestión ya no es la de superare a uno mismo, sino la de contarlo en la oficina», explica Isidro, que, sin embargo, no teme por la reputación del maratón. «Creo que la gente lo sigue viendo como otra cosa. Afortunadamente, esta prueba mantiene su status.»

Isidro nunca se creó falsas expectativas con el maratón. Desde ese punto de vista, pudo ser hasta un reflejo del resto de su vida, que lo presenta como un hombre arriesgado, con un compromiso enorme por esta afición que ha traspasado a sus hijos. «Podían haber tenido otras aficiones, pero eligieron esta y, por ejemplo, el tercero es internacional.» Isidro no llegó a ese nivel en sus tiempos, en los que ya había muy buenos maratonianos en el mundo. «A bote pronto, me salen los nombres de Alberto Salazar, Gelindo Bordin, Grete Waitz, Frank Shorter…

Incluso en España ya había gente como Ricardo Ortega, Romera, Traspaderne, Santiago de la Parte...» También existía literatura sobre esta distancia. «Yo me acuerdo de ir a las librerías especializadas como Gymnos o Esteban Sanz, a comprar libros y de empollarme todo lo que se publicaba. Trataba de formarme e informarme para crear mi propio plan de entrenamiento y valorar lo que realmente necesitaba.» Quizá por eso hizo una amistad importante con el maratón. «Era algo que me gustaba y que me gustará siempre.» Sin embargo, se niega a comparar la distancia con una aventura. «Yo, simplemente, diría que es una actividad más de la vida que merece la pena. Pero no iría más lejos y ni mucho menos hay que obsesionarse con ella como si fuese lo único que existe.» Él no lo hizo nunca. «Yo sabía que el maratón era algo transitorio en mi vida.» Tuvo la fortuna de que su genética, sus origines absolutamente rurales, le acompañaron de veras en el intento. «Insisto en que yo me crié en el campo más aislado y prehistórico que uno se pueda imaginar. En ese medio, el atletismo era algo que me acompañaba. Correr para mí era imprescindible con zapatillas o sin ellas, como puede serlo para un etíope o un tanzano.» Quizá eso es lo que identificó para siempre a Isidro López con esta afición. Ni siquiera a los 61 años renuncia a ella. «La diferencia es que ahora corro para sentirme bien o para demostrarme que todavía puedo hacerlo.» Así, le parece suficiente a un hombre que no parece admirar las frases hechas y que sigue negándose a hablar del maratón como una fórmula de vida. «Yo creo que es una parte más de la vida, algo transitorio que seguramente te va a llenar mucho y que recomendaría pasar por ella. Se descubren cosas bonitas. De cada maratón se aprende una cosa nueva, pero yo no iría más allá de eso. Yo no creo que se pueda hacer maratón durante toda la vida.» Su ciclo se cerró a tiempo. Fue importante. Fue con su consentimiento. Atrás quedaron 14 maratones en los que se hizo caso. De ahí que clausurase esta etapa con una satisfacción importante, la del deber cumplido.

Kilómetro 29

«Abel Antón me aconsejaba entrenar menos»

CONRADO SALAS (Zaragoza, 1974)
2.59.33 en Zaragoza 2010

—¿Cómo lo haces? ¿De dónde sacas la mentalidad para seguir sufriendo?

Conrado Salas es un impulsivo corredor de Zaragoza que tiene una enorme ventaja. Trabaja en el negocio familiar, es autónomo y goza de un horario flexible que favorece su enorme e irrompible afición por el atletismo. Hace unos años, prácticamente desafió a todos los astros del universo. «Me compré el libro *¡Filípides existe!*, en el que se contaba cómo se preparan los maratonianos de élite, cómo viven y cómo entrenan. Me enamoré de esa lectura y durante unas semanas quise ser como ellos. Para mí, fue como una aventura, como un experimento de laboratorio más. Llegué a hacer 204 kilómetros en una semana. Recuerdo que entonces solía colgar mis entrenos en la web-foro de *Strands* para corredores, ya cerrada. Entre sus animadores estaban leyendas como Abel Antón, que me aconsejó en una ocasión hacer menos kilómetros. Naturalmente, yo rodaba a un ritmo distinto al de los profesionales de élite. Pero doblaba, incluso, mañana y tarde, con la idea salvaje de que lo que no me matase al final me haría más fuerte. Al final, resultó horroroso y el resultado del maratón, 3 horas y 17 minutos, está claro que no me condujo a nada. Estaba completamente quemado. Comprendí entonces lo que imaginé en algún momento:

nada de lo que hice tuvo sentido.» Aun así, nunca se arrepentirá de la amistad que hizo con aquel libro, porque «sin la locura original de turno, no sé vivir».

Ahora mismo, Conrado ya tiene 39 años, con una madurez que ya le impide repetir cosas como aquellas. Una conversación con él implica un tratado veloz de lo que significa esta afición «que, si lo piensas fríamente, es como una especie de castigo de Sísifo autoimpuesto. A la mayoría de los corredores nos motiva "invertir en salud", con la idea de que correr nos sanará y alargará, o cuando menos, mejorará, la vida, pero la realidad es que luego vamos a envejecer igual... salvo que se produzca un salto en la evolución humana sin precedentes. Aun así, correr evita que me deprima, dándome ganas para vivir. Supongo que eso es lo que realmente me atrae y un día tras otro te hace repetir a amigos, familiares que tú no sabes vivir sin correr. Y, aunque te sientas cansado, ese día también vas a salir a entrenar. Y, si te encuentras mal, probablemente pasarás por crisis mentales en las que yo he llegado a preguntarme: "¿merece la pena lo que estás haciendo?". Pero la realidad es que, al día siguiente, me vuelvo a provocar a mí mismo y vuelvo a salir a correr o a programar algún nuevo objetivo. Creo que tiene que ver con la autoestima, que ya no sabe vivir sin esta afición. Al menos, en mi caso que, a veces, vuelvo a sorprenderme a mí mismo diciendo: "correr es lo que realmente impide que me vuelva loco" y, sinceramente, creo que es verdad.»

Conrado no sólo está ahora en el kilómetro 29 de otro maratón. La dificultad no se ha retirado del camino, pero esta vez es diferente. Al menos, ya no ha pisado por los mismos charcos a los que le condujo la lectura de *¡Filípides existe!* Al menos, ahora ha entrenado de una manera más realista. Pero, eso sí, una vez en la línea de salida, ha vuelto a ser víctima de una ambición prematura. Salió como una bala, como si fuese la primera o la última vez. «Pasé el kilómetro 3 en 11.39. Iba entre los veinte primeros, a un nivel que no era el mío.» Su ritmo mantuvo la nobleza hasta la media maratón, donde seguía marcando «un buen registro de 1 hora y 25 minutos». Pero entonces Conrado ya sabía que le esperaba una segunda parte durísima. «Había elegido un ritmo equivocado.» Un ritmo que, en realidad, le colocó al filo de la navaja desde el principio y en el kilómetro 29 ya lo tiene contra corriente. Acaba de pararse «a vaciar el vientre». Pero sus piernas están cada vez más lentas y las energías más alejadas de su vida, porque los errores se pagan. «Aun así, en aquel maratón me dio tiempo a bajar de tres horas», interrumpe para recordar la lectura más positiva de ese día en el que, una vez que cruzó la meta, se prometió a sí mismo: «Ya no habrá más maratones, éste es el último.» Pero no es verdad. No fue verdad. De hecho, volvió a intentarlo en el maratón de Barcelona 2012, donde, a la fuerza, fue un hombre más conservador. «Había, sinceramente, recuerdos que me asustaban.» Aun así, los últimos kilómetros no se portaron bien con él. «Me fui a 3.01.40, pero es que de verdad no podía más, no podía dar lo que no tengo… Es imposible: no está en mi mano.»

Ahora mismo, Conrado ya tiene 39 años. No sabe si ha alcanzado «ese punto biológico en el que el cuerpo no me permite mejorar más ni acercarme a las marcas del pasado». Alguna sensación tiene de que puede ser así, «porque cada día me cuesta más sufrir», pero hay días que se olvida de todo y se llena de argumentos para comportarse como un chaval. De hecho, uno de esos días sucede en el cross de Utebo que, antes de llegar la primavera, cierra la Copa de Aragón de campo a través. Conrado contempla la extraordinaria carrera de María José Pueyo. Una atleta dura como una piedra que el martes pasado acababa de hacer unas durísimas series de 1.000 metros a 3.20. Conrado, que vio esa exhibición en la pista de Zaragoza, sabe que María Jose ha cumplido 43 años. Asombrado, nada más acabar en Utebo, le hace esa pregunta para descubrir diferencias:

—¿De dónde sacas esa mentalidad para seguir sufriendo?

María José, en su respuesta, va más allá y le recuerda que ayer hizo una carretera de 10 kilómetros, «en 35.00 minutos en Castellón». Y Conrado Salas, ya sólo sea por la ley de probabilidades de su edad, se aferra a la idea de que tal vez su cuerpo está en disposición de asumir nuevos objetivos. «Me importan las marcas y, sobre todo, me han importado mucho», acepta. «Creo que es parte de lo que nos engancha a este deporte: uno lo hace por curiosidad y después lo necesita por autoestima.» Su biografía tampoco es que sea la de un atleta al uso.

«Corrí mi primer maratón a los 16 años en Barcelona, antes de los Juegos del 92, cuando se hacía la subida a Montjuïc. Terminé con el coche escoba, pero cumplí mi objetivo. Entonces ya sabía que yo no tenía los genes para despuntar en el atletismo, así que por lo menos quise hacer algo que nadie hacía a mi edad.» Después, siguieron otros años en los que se fue a estudiar Ciencias Físicas al Instituto de Tecnología de California (Caltech), donde coincidiría algún domingo por la tarde en el restaurante con el físico Stephen Hawking. «¡En esa universidad tan puntera primaba aún más que en otras el culto a la mente sobre el del cuerpo!» Luego se graduó con honores e hizo el máster en Portland State (Oregón), donde el venerable profesor John Dash fue paciente con él: «Un profesor de laboratorio del Caltech a quien John le había pedido referencias mías le afirmó que, cuando yo me atascaba en un experimento, irme a correr un rato me despejaba, y luego resolvía el problema con fluidez.»

Así que en los mejores y en los peores momentos, cuando menos le acompañan las fuerzas, Conrado se acuerda de ese hombre y de esos años que, académica y humanamente, le sirvieron para siempre. Todavía hoy es un atleta hecho a imagen de aquellos años en los que comprobó que la anarquía merece la pena. Todavía se lo recuerda hoy, a una edad en la que aprendió a vivir y a rectificar, convencido de que el día de mañana también empieza en cualquier kilómetro del maratón. Por ejemplo, en el 29 que da paso al 30, donde no se sabe si el destino abre o cierra los brazos. La batalla, en cualquier caso, acaba de empezar. Queda demasiado tiempo como para olvidarse de la literatura del escritor portugués Paulo Coelho: «El miedo a sufrir es peor que el propio sufrimiento.» Hay que ser fuertes, por lo tanto.

Kilómetro 30

«El último en volver a casa»

Gabriel Rodríguez Osorio (Madrid, 1956)
2.49.01 en Madrid 2011

Acabamos de llegar al kilómetro 30 y ya es tiempo para pensar en las adversidades del maratón o de la vida, que pueden ser muy similares. Por lo tanto, es importante organizarse frente al dolor y tomar ejemplo de los que lo hacen. Gabriel Rodríguez Osorio fue durante años uno de los nuestros en el maratón. Un hombre que asumía un objetivo de marca, siempre exigente, y se comprometía con él hasta los dientes. No sólo era una forma de ser. También era una manera de vivir. «Convertí esta afición en un desafío en el que el reloj me servía de estímulo: te permitía probarte, medirte, compararte a ti mismo, no tenía nada que reprocharle.» Pero una mañana de Navidad de 2011 su corazón le sorprendió en casa sin avisar. «Acababa de subir de jugar al pádel y, en principio, no había motivo. No me encontraba mal. Seguía entrenando a buen nivel, incluso había estado a punto de ir a correr en ese mismo mes el maratón de Castellón.» Sin embargo, aquella mañana la vida se tomaba revancha de sus deseos. Un golpe parecido a un infarto complicaba su salud. De hecho, Gabriel dormía esa noche en el hospital, donde quería saber lo que todavía no se podía responder: «¿Por qué ha tenido que pasarme esto?» El dolor podía mucho y no se sabía donde estaba la escapatoria. Y era una pregunta lógica, porque se desconocía que ya existiesen factores de riesgo en su vida. Tenía una biografía fiel de casi dos décadas en el maratón con valor de ley para él. «Las zapatillas me han dado algo más que una afición, me han dado amistades y me ayudaron a mejorar la calidad de vida en un momento en el que lo necesitaba.»

A su lado, fue claramente un hombre feliz y sin pánico al sufrimiento. Quizá porque iba en su genética. «Mi padre se ganó durante muchos años la vida descargando maletas en el aeropuerto.» Y la memoria no hace trampas con estas cosas. Fue Gabriel un forajido entre su gente, inteligente entre semana y duro como una jungla los domingos. «Me gustaba el dorsal.» Tenía esa categoría que diferencia a los valientes, retrato de hombre competitivo, capaz de ordenar en el silencio toda su energía. Quizá por eso, en su álbum de vida, no entraba la resignación. Y esa es la fotografía que se conserva de él y de su pasado de atleta, de toda esa suma de esfuerzos que tantas veces puso precio a su carácter. La ecuación fue favorable. Cumplió desafíos difíciles y mañanas importantes. Fue, en realidad, un atleta tardío que hizo patria de esta afición. «Yo era un hombre con una vida sedentaria. Estaba muy supeditado al trabajo, a horarios muy largos, al desahogo del tabaco hasta un día en el que me encontré demasiado mal.» Y se hizo una pregunta: «¿Qué sentido tiene vivir así?» En su respuesta, no consintió más días así. «Decidí empezar a correr y encontré el antídoto que necesitaba. Mi vida cambió de golpe. Luego, aprendí a correr deprisa y a buscar objetivos en los que descubrí lo más importante: se podían cumplir. Y por eso me convertí en un entusiasta cada tarde en el parque o cada mañana de domingo en la que iba a competir. Yo creo que nunca dudé de mí.» Una declaración casi perpetua y protegida por sus actuaciones en el maratón. Golpes de estado, a su manera, a cuatro minutos cada kilómetro, posiblemente la consecuencia de entrenamientos importantes en los que las horas pasaban muy deprisa. «Yo siempre he entrenado en el parque El Paraíso, en San Blas en Madrid, donde sí es cierto que por las tardes tenía fama de cerrar el parque. Solía ser el último en volver a casa.»

Gabriel era un corredor con poca anarquía, en medio de los demás. Un hincha de todo esto, un hombre con un relato emotivo. Un ejemplo de una motivación casi innata en el que cada día es digno de superar al anterior. Quizá por eso, a menudo, reivindicaba el ejemplo de su padre, la fuerza de la voluntad o el placer de los años. Quizá por eso también hizo una amistad tan rápida con el maratón, donde se comportó como un héroe. No se daba por vencido de ninguna manera. Ni siquiera en San Sebastián, año 1998, cuando se bajó de la ambulancia, lesionado, y terminó a duras penas los kilómetros finales en 2 horas y 54 minutos. Tampoco se olvidará jamás de aquel maratón más reciente en Badajoz, en pleno invierno extremeño. «Llegué de madrugada en autobús, porque el día antes había tenido que asistir a una comunión y esas cosas no se pueden negociar con la familia.» En esas condiciones, el maratón parecía fustigado, con suficientes motivos para justificar el fracaso, pero Gabriel cumplió con la marca prometida. Hay, en definitiva, más datos para recuperar su orgullosa biografía de atleta. Incluso, se puede decir que para él tiene valor de testamento para calcular su importancia real. Fueron, en realidad, demasiados años. Fue un hombre constante que, por encima de los 50 años, corrió en 2.52 en el maratón de Vitoria, en un campeonato de España de veteranos. Su alargada figura devoraba kilómetros. Sabía que era la única manera de dominar esa distancia. «De hecho, ya estaba planeando el siguiente maratón», admite, «porque me sentía en buena condición para intentarlo». Pero todas esas aspiraciones de marca se acabaron el día en el que un infarto se responsabilizó de su vida. Su corazón entró en prisión. La pregunta tardó meses en retirarse: «¿Por qué ha tenido que pasarme esto a mí?» A veces, que no fueron pocas veces, se dejó acompañar por las lágrimas. «He llorado demasiado.» Pero esas mismas lágrimas fueron incapaces de derrotarle en los peores momentos. «El recuerdo me emociona.»

Hay, en realidad, noticias que nunca se esperan y que aparecen sin avisar como si la vida fuese una obra de teatro. Jugadas del destino que, de pronto, le separan a uno de lo que más quiere. Algo que también puede pasar en el maratón y la pregunta es cómo recuperarse, cómo dar solución a todo eso. Entonces no se sabe si Gabriel es un ejemplo, pero lo que sí se sabe es que, a los tres meses, volvió a correr. Su corazón pasó por talleres. Sus ritmos ya no son los de antes, pero sus piernas recuperaron el optimismo. Incluso, sin pasar de las 130 pulsaciones, se acercan a los 4.00/1.000 en distancias que ya no pasan de los 21 kilómetros. Pero, en su caso, el tiempo quizá ya sea lo de menos. La importancia está en que no se dejó vencer ni se resignó a desaparecer. Volvió a correr y a administrar objetivos más cómodos pero no menos felices. «Cuando te pasa algo así, cambias, das más valor a todo lo que tienes alrededor. Comprendes que cada vez queda menos tiempo que perder en la vida y el que tienes lo debes aprovechar más.» Quizá triunfó la fotografía del hombre, que sigue, incluso, tan liviana como ayer, retrato del maratoniano que nunca dejará de ser. De hecho, no hay casi ningún día en el que no baje a correr y en el que no se deje acompañar por el reloj, ese vicio que ahora le ayuda a medir el tiempo que tarda. Y, aunque ya no sea como antes, todavía es interesante. Ahora, lleva un pulsómetro que es como su segundo jefe y que le recuerda que no debe pasar de las 140 pulsaciones con las que su corazón se siente familiarizado. Tiene menos libertad de la que tuvo, pero su cerebro no sacrifica nada. Sigue produciendo guiones distintos. Medita hacer un nuevo maratón en el que esta vez cada kilómetro saldría alrededor de cinco minutos. La tentación existe e, incluso, la expresa en voz alta, convencido de que querer es poder. A su lado, la memoria no se ofende. Al contrario. Intacta, recuerda que Gabriel Rodríguez Osorio es de ese tipo de gentes que piensa que en nuestros sueños comienzan nuestras responsabilidades. Así que quién sabe lo que puede suceder mañana. El destino no acepta propietario. Tiene esa costumbre, incluso en el siguiente kilómetro en el que, en teoría, todavía parece pronto para pensar en el muro, aunque cualquiera sabe: el maratón puede ser tan rebelde como una pandilla de adolescentes malcriados en las calles de Nueva York. Sin ir más lejos, los de la película de Coppola, del gran Francis Ford Coppola.

Kilómetro 31

«Como te vuelvas a quejar, te doy una hostia»

ROBERTO PALOMAR (Olmedo, Valladolid, 1963)
Maratoniano y *finisher* en el Ironman de Lanzarote 2012

«Como te vuelvas a quejar, te doy una hostia.» Ante esa reprimenda de su entrenador, Josef Ajram, es lógico que Roberto Palomar no vuelva a protestar. Pero ya estamos en el kilómetro 31, es demasiado tiempo corriendo, y la cabeza ya no razona con tanta facilidad. ¿Por qué no aprovechar entonces para recordar el mérito que uno ha tenido para llegar hasta aquí? Durante 38 semanas, seguí el enorme desafío de Palomar, a través de su blog en la web del diario *Marca*. Esta vez su horizonte iba más allá del maratón. Viajaba hasta el Ironman de Lanzarote, que, aparte de 180 kilómetros de bicicleta, incluye 3,8 de natación y 42,195 de carrera a pie. Pero, sobre todo, recuerdo de él que en ese blog se comportó como uno de los nuestros. Siempre recordó que él es «un tío normal, con su trabajo, su familia y sus cosas». Por lo tanto, le asediaron las mismas dificultades para encontrar tiempo para entrenar que a cualquiera de nosotros. Pero las superó a golpe de motivación y, entre las frases que encontré en su blog, existió ésa especialmente motivadora. «Como te vuelvas a quejar, te doy una hostia», le dijo su entrenador Josef Ajram veinte minutos antes de terminar una durísima etapa de la Tansalpine 2009. Palomar no se olvidó nunca de ese grito que complementó con otro dogma: «Mi plan de entrenamiento es como la Biblia.»

En realidad, encontré en ese blog algo más que una sucesión cronológica de semanas, de esperanzas y de dudas de maratoniano. Su valor arrancó en los primeros días cuando Palomar empezó a preparar el Ironman en pleno verano en Madrid, con un calor terrible, en el que llegó a preguntarse dónde estaba el placer. Su respuesta fue una autoridad. «O me quito esa sensación de oficinista», se dijo a sí mismo, «o lo voy a pasar mal». Por eso en el camino saltó adversidades que probablemente a cualquiera de ustedes les resulten familiares. Tuvo que hacer «auténticos cambalaches» para cuadrar entrenamientos. «Hubo días en los que salí a correr a las once de la noche, pero si no lo hacía así no entrenaba.» Pero, a pesar de eso, no había más que leerle para advertir que disfrutaba con la pasión de un niño. Palomar también tradujo a su blog aquellos días en los que ni siquiera la enfermedad no era motivo suficiente para renunciar al entrenamiento. «Tengo un catarro que no me acabo de quitar de encima. He tomado medicamentos que me producen un tono vital bajísimo.» Fue entonces cuando apareció el hombre de hierro que casi todos los fondistas llevamos dentro. «Pero eso no me impidió hacer doble sesión el lunes y bici el martes y el miércoles.»

Para dar fe a todo esto, encontró una fuerza de voluntad incurable. «Temía más que a un nublado las tres semanas de Navidad, porque son fechas muy malas y muy fáciles para abandonarse.» No se asustó ante los días malos, simplemente se preguntó: «¿Por qué unos días rendimos más que otros?» Aprendió a gobernar los dolores crónicos. «Tengo una artritis traumática en el dedo gordo de mi pie izquierdo que se queja con frecuencia.» Aprendió a no desesperarse con ellos. «Siempre me acuerdo del reportaje que le hice al doctor Pedro Guillén en el que me dijo que "las rodillas me hablan".» Supo gestionar una buena política de prevención, incluso en las horas de descanso. «He tenido que cuidar mucho los gemelos durmiendo, incluso con medias de compresión.» Pero en la escritura de su blog no hizo falta que nadie le diese el pésame. Se inspiró siempre «con una ilusión bárbara y más decidido a seguir adelante que el día que me casé». Leer a Palomar en aquellos días se convirtió en una fuente de motivación incomparable. Veías a un tipo que no desfallecía ante nada y te preguntabas por qué no todos podemos ser así. Cuando hablaba de «la tortura psicológica» que, a veces, significaba tanto entrenamiento, Palomar relataba con datos sorprendentes como aquel día en la piscina de 12 metros de la urbanización de su casa en la que llegó «a nadar 1.500 metros». «Los vecinos se quedaban locos», explicaba. Pero él anteponía el coraje, una pasión muy honesta en la que el optimismo se sintió en su salsa. Cuando más le costaba salir a correr se acordaba de aquella frase del entrenador Marcelo Bielsa que, al parecer, es otro fanático de la carrera a pie. «Corro por el placer que supone dejar de correr.»

Aquel blog fue una estupenda radiografía en la que se relataron días que nos igualan a todos. Palomar se alarmó aquella mañana en la que su entrenador Josef Arjam le envió vacío el plan de entrenamiento de la semana. Es más, lo llamó con urgencia para que solucionara el error. Pero entonces Josef le recordó que «las semanas de regeneración también son importantes» y que nunca se opusiese a la verdad. «Si entrenas menos», le dijo, «se puede rendir más». El caso es que su ilusión también fue la de los que le seguimos. Sobre todo, porque cada vez que escribía sacaba una nueva clave para hacerse comprender. «Mucha gente me lo pregunta a menudo. ¿Cómo sacas tiempo para preparar una prueba tan larga? Las tres palabras que se me ocurren como respuesta acaban en "ión": pasión, organización e improvisación.»

Naturalmente, el maratón no es el Ironman, no tiene tantísima exigencia. Pero, como mínimo, son vidas paralelas. Se parecen porque durante meses uno se sumerge «en un viaje que muy poca gente entiende, pero que es imposible hacer sin la complicidad del equipo familiar». Así fue como Roberto Palomar fue consumiendo etapas, a veces, con una ironía inteligente («que no te echen de casa es, simplemente, un acto de generosidad»), pero estas aficiones pueden ser así: uno no puede engañarse nunca. De hecho, Palomar no se engañaba. «Lo peor es que te saquen de la rutina.» Lo demás ya lo ponía él. «A cambio, hay que estar preparado para entrenar en cualquier horario y lugar, ir siempre con la mochila en el coche e improvisar cuando la cosa se tuerce.» Todo eso fue lo que le permitió llegar hasta el final y afrontar las paradojas de la última semana, en la que «el cuerpo siempre manda señales contradictorias» e, incluso, echa de menos pegarse «una buena paliza». Pero a unos días del maratón o del Ironman lo máximo que se puede hacer es «entrenar frenado».

Al final, para no dejar la historia a medias, el 19 de mayo de 2012 Roberto Palomar se pareció al hombre más feliz del mundo. Terminó el Ironman de Lanzarote. Fue un ejercicio de voluntad para toda la vida. Una obra de una duración casi incalculable en la que invirtió 15 horas y 45 minutos, que posiblemente fuesen las horas más generosas de su vida. La motivación encontró demasiados motivos. «He visto a una triatleta correr con prótesis, a gente de setenta y pico años y a una chica que hace nueve meses ha dado a luz.» Los últimos 200 metros actuaron como una bendición en la que Palomar repasó su vida a cámara rápida. Se acordó de lo «qué hubiera dicho mi viejo si hubiese estado aquí, de la BH azul que me compraron mis abuelos en mi sexto cumpleaños o de la tarde en la que me escapé del periódico, hace sólo unas semanas, porque me faltaban 2.000 metros de natación en el plan del día.» Y, antes de que nadie lo pueda juzgar, lo juzga él, «en fin, la vida», la vida de un tipo que, a pesar de todo, no agotó su hambre de aventura en la isla. Después, ha llegado a cruzar en una carrera las Rocosas en el estado de Colorado (EEUU), en seis días en los que recorrió 200 kilómetros con un desnivel de 7.000 metros y en los que escuchó a Edurne Pasaban decir algo tan inaudito como que «subir cuestas es divertido.» Pero así es ella y así somos nosotros, una legión de enamorados del esfuerzo que ya tenemos a la vista la pancarta del kilómetro 32. Aun así, no vale la pena equivocarse: esto no se está acabando, esto sólo acaba de empezar.

Kilómetro 32

«Todos soñamos con superar nuestros límites»

Darío Collado (Madrid, 1980)
2.47.28 en Valencia 2012

A unos días de participar en el maratón de Milán, el psicólogo Darío Collado establece la clave y elige el kilómetro 32. Es más, escribe un artículo que se titula así en su blog, que es como su partida de nacimiento. Darío se anticipa al futuro y realiza una descripción de ese momento en el que ya llevará «tres cuartas partes de la carrera completada» y en la que, sin embargo, queda casi todo por hacer. «A esas alturas, parece que ya está todo hecho, pero es mentira.» El contraste es mayúsculo. «El desafío sólo acaba de empezar.» Todavía es prematuro para sentir daños en un escenario en el que el suspense forma parte de nuestras vidas, y quizá sea mejor así: el atleta cuenta con estas dificultades, que son necesarias para vencer. «En mi caso llevo más de dos horas corriendo», añade. «Mis depósitos de glucógeno están agotados. Las pulsaciones han empezado a subir. Muscularmente las piernas empiezan a no ser tuyas. Y, para finalizar, está la cabeza, que reconoce esa evaluación de daños y te dice que pares, que el hotel está cerca y que dejes de sufrir.» El diagnóstico es realista: «Básicamente, debes correr cuando menos puedes hacerlo.» Por eso Darío se graba a fuego ese momento, en el que deberá enfrentarse consigo mismo y en el que las dudas pueden aguar la fiesta. «Pero ¿acaso esto no es algo que pasa en el resto de tu vida personal?», se pregunta en voz alta.

«¿Qué haces entonces? ¿Luchas hasta vencer? ¿Te rindes ante el menor signo de cansancio? ¿Te dejas llevar?»

En realidad, ahora mismo Darío Collado no imagina el maratón sin buscar una marca. A veces, se pregunta «cuál es el sentido de todo esto». Pero inmediatamente después regresa a la realidad que ahora le pertenece. Y entonces se recuerda a sí mismo que «la ambición es importante» y que «todos soñamos con superar nuestros límites». El resultado es un deporte como el maratón «en el que uno se lleva sorpresas mientras lo intenta». De hecho, define a la prueba como «un caballo indomable» en el que «los peligros existen» antes y después de llegar al kilómetro 32. Las preguntas pueden ser, incluso, siniestras: «¿Qué pasa si no haces un correcto enfoque de la distancia? ¿Qué pasa si la fortuna te abandona?» Y entonces se impone su propio recuerdo, el del primer maratón que hizo, en San Sebastián. «Cuando pasé el kilómetro 35 empecé a notar sensaciones místicas en mi cuerpo y, al entrar al estadio de Anoeta, a falta de 500 metros, me dio un calambre que me hizo preguntarme: ¿qué hubiera pasado si eso mismo te sucede a falta de cinco kilómetros?» Son, en realidad, preguntas esforzadas que nacen después de más de 1.000 kilómetros de entrenamiento, de correr seis días por semana o de apretar cuánto puede y cuánto le dejan las piernas. Y, sobre todo, de obedecer a sus ambiciones que a su edad, superados los 30 años, permanecen leales. «Busco mis límites, porque todavía no los he encontrado.» Por eso, «cuando pasa el periodo de entreguerras después de correr un maratón», casi siempre se impone la misma crónica de vida en su caso. «Estoy deseando empezar de cero un nuevo plan de entrenamiento», explica. «Son tres meses que pueden parecer muy largos, pero que cuando entras en harina de preparar un maratón pasan en un santiamén.»

Durante ese viaje nunca desaparece el kilómetro 32. Al contrario. Siempre está presente en su vida, como si fuese la letra de una canción, preparada para convivir con «la tiranía de los segundos» y con otra pregunta que figura en primera línea de fuego: «¿Qué me falta?» Sabe que el maratón «no siempre es objetivo», porque «hay tantas variables que no puedes controlarlas todas». Incluso, acepta que es un reflejo de la vida. La clave está en resolver la ecuación con la mayor eficacia posible. «Debes saber en qué eres fuerte, de qué recursos dispones y a qué meta quieres llegar.» Y, desde esa óptica, ni siquiera existe gran diferencia entre el maratón y la psicología. «Cuando haces una carrera es como congraciarte contigo mismo.» Y entonces se delatan emociones para toda una vida como aquel día antes de su debut en el maratón, en San Sebastián, cuando fue a recoger el dorsal al estadio de Anoeta. «Me puse a llorar, porque estaba a 24 horas de empezar algo que, para mí, era un sueño, y el mero hecho de estar ahí o de poder preguntarme "¿mi cuerpo me dejará hacerlo?" era importante para mí.» Pero la emoción de la primera vez no le confundió en la carretera, en esos eternos 42,195 kilómetros que se hacen tanto de rogar. «No, en general no me cuesta controlar las emociones. De hecho, casi doblé en San Sebastián. Sólo hice veinte segundos más lenta la segunda media respecto a la primera. Pero es que, en realidad, no sé correr de otra manera. Necesito ir de menos a más, ya pasaron aquellos años en los que querías ganar la carrera en el kilómetro dos.»

Sin presumir de madurez, llama a la madurez, que puede ser como la bienvenida de una vida mejor. «Quiero correr maratón hasta los ochenta años y la única manera que conozco de lograrlo es ir progresivo.» Por eso hay que saber lo que significa esto. «Por el hecho de estar parado, cuando estuve lesionado, me di cuenta de lo que me estaba perdiendo.» Se dio cuenta, entre otras cosas, de que cuando no entrena coge peso «a una velocidad increíble. Llegué a pesar 85 kilos». Fue entonces cuando se preguntó: «¿Qué estoy haciendo con mi vida?» Afortunadamente, pudo volver a empezar a correr. La clave, a partir de ahí, estuvo en controlar a las exigencias. «Creo en la dependencia bien canalizada», admite. «Igual que tienes dependencia de tu familia o de tu mujer, ¿por qué no vas a tenerla de correr? ¿No es algo que te ayuda a conseguir tus metas? Aunque debes tener claro que no es lo primero ni lo único de tu vida.» Por eso hay que convivir con la imperfección, con días locos, en los que no queda tiempo para casi ninguna otra cosa. Días en los que alguna vez Darío Collado ha llegado a preguntarse en su blog qué sería de él «si se le pasase la marquitis» e, incluso, intentó buscar la respuesta: «Entrenaría más suelto, mi cabeza será más libre, dejaré de ser un esclavo más del reloj, gastaré menos pasta en todo este negocio, se acabarán los madrugones, no saldré los días de lluvia ni los de viento extremo, correré cuando me apetezca, mis músculos no se quejarán, participaré en carreras no homologadas, viviré más como una persona normal...»

Pero, de momento, no será posible. De momento, su vida se esclaviza sin pegas a ese maravilloso kilómetro, el 32, en el que hará lo posible por olvidarse de los dolores. No queda otra. Sus piernas volverán a sintonizar la misma emisora y a escuchar las mismas voces de siempre. La motivación no cambiará de bando. Sus ideales tampoco aceptarán el trueque como en su última vez en el maratón de Frankfurt, donde tuvo que pasar muy rápido a la acción víctima de la mala temperatura de ese día. Pero eso no le agrió el carácter. Ni siquiera los vientos huracanados de los diez kilómetros finales, todavía en las afueras de la ciudad y de los que supo resguardarse. Entonces prefirió olvidar: «Hace tiempo que pienso en lo que queda y no en lo que llevo. Creo que así es más fácil de digerir.» Por eso cuando llegó a meta, en el Festhalle, Darío hizo recuerdo y encontró un consenso feliz. Había ganado esa partida de ajedrez lo que le concedió permiso para escribir, al día siguiente, una emotiva descripción en su diario: «Frente a un día de viento y lluvia, jugué mis cartas ante el Señor Maratón y le planteé una partida seria, dura a su vez, de las que te sientes orgulloso para siempre.» Y como pasa con las películas, que nos marcan para toda la vida, Darío Collado añadió, «siempre, siempre, lo recordaré», en un relato que, sinceramente, merece la pena leer.

Kilómetro 33

«El mérito sería hacer eso a disgusto»

MANUEL ROSALES TOUZA (Marín, 1935)
2.32.26 en Nueva York 1992

En un kilómetro como el 33 ya se sabe que los grandes logros implican grandes riesgos. También se sabe que siempre llega el día de mañana que nos recuerda que prepararse para el maratón también es prepararse para el día en el que haya que dejarlo: no existe maratoniano sin fecha de caducidad. Pero hay atletas como Manuel Rosales Touza que, próximo a los 80 años, no se rinde frente a ese destino. Su conversación nos presta una vida en la que todavía existe el maratón. Ha aceptado que ya no puede ser como ayer, porque «mi cuerpo ya no puede ir tan rápido». Pero eso no implica la despedida. «Correr me ayuda a estar más contento.» Por eso aún sigue corriendo en el Lago Castiñeiras, donde tiene su circuito mágico de 16 kilómetros, o en las pistas de la Escuela Naval. Allí ha preparado cientos de maratones y todavía los prepara, asociado a esa idea suya de que «cada maratón es una continuidad del anterior, porque nos invita a mejorar, a jugar con nuestra inteligencia, a analizar las posibilidades de nuestro cuerpo y a demostrarnos que en el fondo el secreto está en la mente». Y lo dice en este kilómetro 33 en el que, sin embargo, Rosales no tiene miedo a la ideología del maratón. Ha sido campeón del mundo en 16 ocasiones en su categoría. Ha corrido por medio mundo (Boston, Londres, Nueva Zelanda…). A su lado, tengo la sensación de estar frente a una leyenda. Un hombre de deliciosa conversación que habla en voz alta del esfuerzo. Pero no sólo en el maratón, sino en todos los órdenes de la vida. Quizá por eso su cerebro abrevia la dificultad de los nueve kilómetros que nos faltan hasta la meta. «En el deporte, como en la vida, el esfuerzo siempre tiene su recompensa.»

Todo eso forma parte de su declaración de principios o de su propia vida, que casi nunca fue fácil. «He sido mecánico. He trabajado como soldador, como tornero. He sido emigrante en Alemania. He hecho y todavía hago trabajos de investigación en los que a veces paso por malos momentos. Pero entonces me sigo recordando a mí mismo: 'Manuel, tienes que esforzarte, la vida te ha demostrado que el esfuerzo merece la pena'. Por eso me gusta tanto hablar del esfuerzo. Me encanta confiar mi vida en él. No hace mucho leía unas declaraciones de Nadal en las que decía que 'para triunfar en la vida, hace falta sufrir'. Pero a mí la palabra *sufrimiento* me parece demasiado agresiva. Prefiero hablar del esfuerzo.» Todo eso contagia el optimismo que necesitamos para estar aquí, tan cerca y tan lejos a la vez, con margen todavía para escuchar a Rosales Touza. Un hombre que tal vez cruza la barrera de lo excepcional. Una biografía atlética que impone el máximo respeto y que, sin embargo él rebaja verbalmente. «Soy un tipo vulgar que ha sabido hacer lo que le gusta. El mérito hubiera sido hacerlo a disgusto.» Pero no es el caso. No ha sido el caso de Rosales que, cuarenta años después, conserva la necesidad de plantar cara al maratón. Acepta que es «un adicto» y que los objetivos se pueden renovar. «Sé lo que he hecho. He ganado ocho veces en Nueva York, cuatro en Berlín y más cosas, sí, pero eso no quiere decir que lo haya hecho todo.» Por eso en su discurso insiste en la llama del maratón que, para él, no entiende de edades. «Tengo unos años en los que teóricamente ya debería haberlo visto todo, pero no es verdad. En el maratón nunca se sabe. En el maratón la vida es una caja de sorpresas. Siempre me acordaré de una de las veces que corrí en Rotterdam. Tenía 60 años. Hice 2.40. Acabé exhausto, porque me quedé a unos segundos de batir el récord del mundo de mi categoría. Y, sin embargo, una vez en la meta me encontré a Alejandro Gómez, uno de los mejores atletas que ha dado Galicia. Era su primer maratón y me dijo que le había resultado muy sencillo, que ni siquiera le había parecido duro. La realidad es que después nunca volvió a hacer un maratón como ése. Si se piensa bien, no tiene ninguna lógica y te hace preguntarte: '¿por qué?'. Pero entonces no queda otra que recordar que el maratón es casi imposible de dominar.»

Rosales jamás se olvidará de su primera vez. «Fue en Madrid en un maratón en el que dio la salida Tierno Galván. Recuerdo que entonces hice 3 horas y 15 minutos, que me pareció un tiempo extraordinario.» Después, profundizó y descubrió que tenía unas condiciones muy especiales. «Yo había sido ciclista de joven. Heredé esta afición de mi padre, que fue uno de los mejores de España. Me gustaba y llegué a hacer equipo con Julio Jiménez, a correr con Bahamontes, con los hermanos Rodríguez...» Sin embargo, luego tuvo que marchar al extranjero a trabajar, una etapa en la que se alejó de la bicicleta e, incluso, del deporte. «Descubrí que eso no era vida para mí. Mi cuerpo necesitaba hacer una actividad, la que fuese, la que más me llenase o la que menos tiempo me llevase, daba igual. El caso era hacer algo. Desde entonces, empecé a correr y, cuarenta años después, no he dejado de hacerlo.» A su edad, podría impartir magisterio, aunque no parezca esa una de sus principales ambiciones. «Yo lo único que digo es que me encanta que la gente haga deporte. Quizá porque sé que es una señal de bienestar, de esa cultura del esfuerzo que tanto necesitamos... Me encanta contar que uno de mis nietos ha sido subcampeón de España de pértiga en categoría promesas y que todo eso ha tenido su reflejo en los estudios. El mayor es ingeniero, el siguiente estudia psicología, la otra todavía es pequeña, pero están ahí...» El orgullo del abuelo es importante. «Yo no sé si influye mi ejemplo, pero rara vez me han visto decir: 'soy mayor, yo no puedo', y eso es importante. Para mí, demostrar que a mi edad todavía puedo correr un maratón a una media de 4 minutos y 30 segundos por kilómetro es una prueba de lo que la gente puede hacer si se lo propone.»

Quizá por eso cualquiera de nosotros estamos aquí, en la última franja del maratón. El miedo lo olvidamos hace tiempo. Ahora, ya empieza el momento de emocionarnos o de recordar lo que hemos hecho para llegar hasta aquí. «La última vez que he fumado en mi vida fue en el Servicio Militar. Desde entonces, no he vuelto a probarlo», memoriza Rosales, que también podría acordarse de esa memorable frase del actor Morgan Freeman en *Million dollar baby*: «Los ganadores son simplemente aquellos que están dispuestos a hacer cosas que no harán los perdedores.» Pero a Rosales no le hace falta. Quizá porque su victoria se renueva a diario, en todos esos días en los que se niega a dejar de ser como fue. «Me levanto a las siete de la mañana, hago mi gimnasia, que es fundamental para conservarme, y después suelo salir a correr.» No perdona a la disciplina. Tiene esa costumbre que lo mejora. «Me comprometí con esta vida de atleta y sé respetarla. Hago mis cinco comidas diarias. Me viene estupendamente. Me conserva en forma y me demuestra cómo soy. Yo no nací para estar jubilado. Tengo mi propia finca y, además, todavía continúo trabajando en la investigación de dispositivos de seguridad para los tractores.» Y en medio de todo eso Manuel Rosales Touza, el atleta perpetuo, nunca deja de correr. Supo empezar con más de 40 años. Supo vivir. Supo triunfar en Central Park y ahora se niega a terminar, tal vez porque las aficiones se convierten en las mejores pasiones, aquellas que acostumbran, como sucedió con esta conversación, a dejar un recuerdo para toda la vida.

Kilómetro 34

«Sin un buen descanso, no es posible»

DAVID LÓPEZ CAPAPÉ (Madrid, 1973)
Traumatólogo y médico de maratonianos de élite

El doctor David López Capapé también es un apasionado del atletismo que supo dosificarse cuando la vida se lo exigió. Tuvo ese golpe de lógica. Fue un mediofondista de alto nivel en sus tiempos más jóvenes. «Llegué a correr los 400 metros lisos en 47 segundos y los 800 en 1.48.» Vivió esa época como un gran estímulo. Fue internacional, incluso, y en su horizonte se dibujó la maravillosa idea de participar algún día en unos Juegos Olímpicos. Hubo motivos. Tenía categoría suficiente y una voluntad gigantesca que le permitió compaginar la carrera de atleta con sus estudios de Medicina. «Saqué el MIR con un buen número entrenando a alto nivel.» Pero una vez que aprobó, ya fue distinto. Comenzó con la residencia en el hospital Gregorio Marañón. Su vida cambió completamente. Debió tomar una decisión en la que se dejó guiar por lo más aconsejable. «Me di cuenta que las guardias eran incompatibles con el entrenamiento de élite.» La ruptura no fue fácil. «Pero la cabeza pudo al corazón, porque era la mejor alternativa.» En realidad, hizo un examen de larga distancia. «Entrenar mucho y descansar poco no conduce a nada.» Por lo tanto, fue fiel a esa decisión a finales de la década de los noventa, convencido de que no podía equivocarse. Su intuición se colocó en primera fila, sin miedo al futuro: «Mi vida, aunque hubiese hecho 1.46 en el 800, no hubiese cambiado mucho en el atletismo.»

Aun así, Capapé nunca ha dejado del todo de correr. «Soy incapaz de dejarlo. Necesito ir a la pista y ponerme los tacos. Todavía disfruto cogiendo una pájara de ácido láctico y haciendo dos o tres series de 300 metros.» Aún no ha probado con la larga distancia y no sabe si lo hará. «No hay casi ningún mediofondista que llegue a hacer maratón. Quizá porque somos diferentes. Quizá porque siempre nos gusta correr rápido, todo lo rápido que podamos, incluso.» Después de tantos años, Capapé ya no se discute a sí mismo. «No disfruto yendo despacio.» Pero eso no implica que le cueste ponerse en la piel de los numerosos maratonianos que llegan a su consulta, entre ellos gente tan buena como José Carlos Hernández, Carles Castillejo o Alessandra Aguilar, con los que tiene una conexión permanente a través del correo electrónico. «Es necesario. El maratón es una prueba agresiva y demasiado fisiológica. No hay un solo maratoniano de élite», explica, «que no tenga un médico detrás». Y esa es una de las diferencias que Capapé establece con el atleta aficionado. «La mayoría tiene muy descuidada la parte médica, y ésta es una prueba muy fisiológica en la que es importante saber cómo se recupera el atleta, cómo se pueden mantener los niveles, cómo se puede prevenir la anemia o el daño articular. Hay ayudas farmacológicas permitidas que pueden facilitar mucho ese proceso. También hay que individualizar en los consejos. Pero si el atleta no va al médico, existe un problema: ¿cómo va a conocer realmente lo que su cuerpo necesita?» La pregunta es sabia e interesante. «Al final, yo siempre digo que no hay tantas diferencias entre el aficionado y el de élite. Cada uno a su nivel, juega con las posibilidades que le ofrece la fisiología y el desgaste puede ser similar.»

En realidad, Capapé es un atleta. Sabe, por lo tanto, que esto es muy duro. Lo ha vivido en primera persona. «Sólo lo dejé un año, que fue cuando empecé a trabajar y, con el estrés de los inicios, decidí aparcarlo por un tiempo.» Pero regresó y ahora es un atleta, destinado en la categoría de veteranos, que se declara muy trabajador. Aún se pone los tacos en las pistas del INEF unas tres o cuatro veces por semana. Naturalmente, su ejercicio no es el de un maratoniano, aunque él tampoco establece tantas diferencias. «La ciencia del entrenamiento ha avanzado mucho. Para preparar un maratón no sólo hay que rodar. También hay que hacer series, gimnasio, bicicleta, fuerza... Por eso yo no lo veo más ni menos duro que las series de 800 que yo pueda hacer en la pista. Al final, la dureza la pone la intensidad, la capacidad de cada uno para hacer frente a las exigencias que se impone.» Pero dentro de ese proceso Capapé, como médico, siempre reivindicará la lógica. «Si no hay un buen descanso, no hay un buen atleta.» Por eso a los atletas aficionados les pide que, antes de marcarse cualquier desafío, estudien las posibilidades reales de tiempo que tienen. «Yo tuve que hacerlo cuando empecé la residencia en el hospital.» Capapé, en realidad, sabe que el maratoniano aficionado suele ser un personaje difícil. Es más, a través de su experiencia, se ha dado cuenta de que «los populares lo pasan incluso peor que los profesionales cuando se lesionan. Suelen ser más impacientes, quieren incluso volver antes de lo que deben y algunos no entienden que eso lo retrasa todo. Pero, ojo, parar en la vida de un corredor actualmente ya no significa llegar a casa y sentarse en el sofá. Hay otras posibilidades. La ciencia del entrenamiento ha avanzado mucho».

Hay, en cualquier caso, una primera ley en la consulta de Capapé. «Los atletas, sean o no de élite, quieren cualquier cosa para recuperarse rápido. Por lo tanto, hay que hacer todo lo que se pueda y recurrir a los avances de la traumatología deportiva.» Ahora bien, el primer paso siempre es fundamental. «A veces, lo peor es demorar los diagnósticos, porque eso impide iniciar un tratamiento rápido.» Y, en su caso, ya se ha acabado totalmente con la prehistórica ideología del pasado. «Hace diez años, si tenías un problema, ibas al médico y seguramente te mandaba para casa a descansar. Pero ahora tenemos otros instrumentos de trabajo. Sabemos que siempre se puede hacer algo y que ya no podemos renunciar a esas posibilidades.» La prueba más directa está en los atletas de élite. «Castillejo, después de fracturarse el sacro, no se quedó quieto una vez que se conoció el diagnóstico. Hizo ciclismo como alternativa y, entre otras cosas, descubrió el placer de montar en bicicleta. Pero podría decir más. Cuando operé a Jesús España, el atleta de 5.000, de los dos tendones de Aquiles, a los dos días ya le dijimos que hiciese algo, porque se puede trabajar en el agua e, incluso, en el gimnasio en aparatos como la misma bicicleta elíptica, que no tiene impacto para la musculatura y permite trabajar el corazón. Y eso es lo que contribuye a que los atletas mantengan el estrés del entrenamiento y que luego el regreso sea bastante más fácil, ya no se trata de volver a empezar.» Todo eso, además, combate las penas de la lesión. «Ahora, no hay que quedarse quieto contando los días que le faltan a uno para correr otra vez.» Y esa quizá sea la mejor enseñanza que el doctor David López Capapé concede a los nuevos tiempos. Él lo sabe porque lo ha vivido. Es un hombre que lleva toda la vida corriendo, que ha sabido registrarse en el atletismo y que tal vez por eso, antes y después de ser atleta de élite, descubrió lo que significa esto. «Las experiencias positivas o negativas del deporte no se entienden completamente si no se han experimentado en carne propia.» Él, por ejemplo, también se ha lesionado y se lesiona. «Una vez me preguntaron en un programa de radio cómo se prepara uno para no lesionarse, pero es que ante eso no hay respuesta. La única alternativa, que se me ocurre, es la más simple: cuidarse.» Y para lograrlo, y para fortalecer las posibilidades de éxito en competición, hay una pregunta que casi nunca falla en su consulta para el atleta: «¿Descansas lo suficiente?» Para el doctor, en realidad, es lo más parecido a un dogma de fe.

Kilómetro 35

«¿Puedo ser autodidacta?»

Hal Higdon (Estados Unidos, 1931)
Escritor, maratoniano y periodista

Después de despedirme del doctor Capapé, me di cuenta que se me olvidó hacerle unas preguntas: «¿Puede uno ser autodidacta en el maratón? ¿Cómo es su experiencia en ese aspecto?» Pero para no volver a molestarle con esas preguntas, esta vez he decidido contarles mi experiencia. En primer lugar, cuando empecé en el maratón, yo nunca me hice ninguna de esas dos preguntas. Al contrario. La mía fue otra más primitiva: «¿Cómo voy a entrenar si no tengo un plan de entrenamiento?» Entonces fui a una librería de deportes y encontré el libro de Hal Higdon, un prestigioso periodista y maratoniano de Estados Unidos. Se titulaba *Cómo correr el maratón*. Sus páginas, en realidad, eran un tesoro. Había citas con entrenadores de distintas escuelas. Contenían planes para todas las ambiciones y elegí uno de ellos en el que tampoco se pedía nada del otro mundo. Mi objetivo era bajar de las cuatro horas en el maratón de Madrid. Era mi idea en ese momento y lo respeté a fondo. Me convertí en un ciudadano obediente, convencido de que no había otra manera. Todavía tengo guardado el viejo diario de ese año, una de esas maravillosas reliquias del pasado que la tecnología pasó a mejor vida. Siempre recordaré que en sus páginas yo mismo relataba los entrenamientos de aquellos días con un entusiasmo enorme. Comía como se decía en ese libro. Descansaba como se decía en ese libro y hasta vivía como se decía en ese libro. Me dejaba guiar, incluso, por las leyes del pulsómetro. Cada día ajustaba a mi pecho esa banda pectoral que al principio me resultó muy incómoda. Los latidos de mi corazón ordenaban mis entrenamientos. Durante el día, me comprometí con todo lo demás. Me hidrataba con insistencia. Jugaba a ser como ese atleta que predicaba el libro de Hal Higdon. Vivía y descansaba a la vez. Cumplir sus órdenes era un placer. Significaba un paso más para cumplir un objetivo como el de terminar un maratón, que puede ser, descaradamente, importante.

Terminé el maratón y nunca sabré si las razones de aquel plan eran las más adecuadas para mí. Tampoco sé si supe interpretarlas correctamente. Pero sí sé que aprendí a administrarme y a entrar con más cabeza en el mundo del maratón. Leer a Higdon significaba un placer. Yo era un novato en un mundo más lento que el de ahora. A mediados de los noventa, no existía Internet ni demasiados atletas por las calles. En mi trabajo, como antes en la Universidad, mi futuro como maratoniano se consideraba una excepción, una locura digna de censura. Por eso aquel plan de entrenamiento fue muy importante para mí. Me ayudó a separarme del mundo, a lograr un inicio inteligente y una continuidad razonable. Me obligó a seleccionar una ambición entre las que Higdon proponía en el libro después de consultar con 60 de los entrenadores más prestigiosos de Estados Unidos. Me presentó un punto de partida en el que yo jamás quise alcanzar sus números. Higdon llegó a correr seis maratones en seis fines de semana seguidos a los 60 años. Superaba, incluso, los cien maratones en su vida. Pero toda su escritura era un golpe de lógica, una invitación de cumpleaños, un día en el paraíso, quizá. Una prosa en la que se decían cosas como que «siempre te queda algo memorable de cada maratón». Así que para escribir este capítulo, he vuelto a releer ese libro. Todavía sigo pensando que es una lección permanente y que se puede disfrutar demasiado a su lado. «Muchas personas creen que tienen que entrenar duro continuamente», dice Higdon. «Tienen la sensación de no sacar nada de un ejercicio a menos que lo hagan a la velocidad de carrera. Pero eso no es cierto. Se pueden conseguir muchas cosas con ejercicios lentos.»

La lectura de Higdon fue algo más que un plan de entrenamiento. Fue un estilo de vida en el que aparece un hombre, maratoniano de pura cepa, que no tiene «miedo a tomarse días libres» y que te avisa para toda tu vida: «Cuando se corren demasiados kilómetros, las piernas están crónicamente fatigadas.» Por eso a veces me pregunto qué hubiese sido mi inicio sin la lectura de este libro. Entonces yo era un novato, que no tenía ni idea y al que le pareció inconcebible que Higdon pudiese escribir: «Yo hablo conmigo mismo cuando entreno.» Así que me esforcé por parecerme a él y me dejé acompañar por ese libro en el que también aprendí el placer que significa salir a correr una mañana de domingo antes de desayunar. El libro fue como el primer amor. Me dejó preguntas primorosas («¿hasta qué punto es importante el descanso en la ecuación del entrenamiento?») y respuestas necesarias. Me enseñó cómo se alimentaban los maratonianos, me explicó que se podían hacer entrenamientos de una duración que hasta entonces me parecía inexplicable. Tuvo esa magia frente a mi ignorancia de principiante. Higdon, sobre todo, me ayudó a perder el miedo y a no entrenar a la desesperada. Todo eso me traspasó una saga de conocimientos, un enorme instinto de curiosidad. También me enseñó a imaginar nuevos retos, a situarlos en el futuro sin impaciencia. Fue como una clase práctica por escrito, en la que aprendí que lo difícil no es entrenar, sino organizar los entrenamientos. Después de 30 años corriendo, Higdon insistía en ese mensaje, apelaba al corredor a largo plazo y decía que, hasta que no cumples diez años corriendo, no es posible alcanzar tu mejor nivel. Su idea decía algo así como que «si el primer plan de entrenamiento es eficaz, será más duro cada vez». Así que me ayudó a imaginar que esas cuatro horas, que entonces me costó derribar, serían mejorables. «Si se aficiona al deporte, su siguiente paso consiste en mejorar», decía.

Han pasado más de veinte años, desde entonces, y mejoré las marcas. Me hice más valiente. Pero, sinceramente, nunca más volví a seguir un plan específico de entrenamiento. Nunca más volví a aplicarme con esa tenacidad a una receta en la que a uno se le decía cómo debías actuar cada día de la semana. ¿Por qué? Realmente, no lo sé. Quizá aborté la posibilidad de mejorar marca en mis mejores años o quizá no, ¿quién sabe? Quizá pretendía jugar a mi manera con los días de la semana una vez que el libro de Higdon me enseñó a manejarme. Jamás me separé de su idea del maratón en la que explicaba que, a partir del km 35, la fisiología humana cambia radicalmente. Por eso había que acostumbrar al músculo a correr fuerte en estado de fatiga. Aprendí, además, que si el corazón es un músculo, claro que se le puede fortalecer. Veinte años después, repito esas ideas, como un colegial, quizá porque son de las que he vivido en mi etapa en el maratón. Jamás he tenido entrenador y, a lo largo de mi vida, he hablado con cientos de entrenadores. Tuve la curiosidad de leerles y preguntarles, quizá porque yo mismo soy inseparable de mi vocación de periodista. En la Facultad aprendí que «el periodismo no es saberlo todo, sino preguntarlo todo». El resto de mi vida es una prolongación de esa idea. Asociado a ella, conocí a gente muy sabia que, naturalmente, podría reflejarse en la escritura de Hal Higdon. «No existe ningún kilometraje mágico ni ningún molde mágico en el que poner a los corredores. Cada uno de nosotros es demasiado individual para eso.» Pero seguramente ésa es la magia del maratón, en el que todavía puede suceder lo impensable. Juan Carlos Granado y Rafa Iglesias están esperando en el próximo kilómetro para contarlo.

Kilómetro 36

«Si te paras, ya no arrancas»

RAFAEL IGLESIAS (Salamanca, 1979)
2.10.44 en San Sebastián 2009

«Invertimos horas de trabajo por segundos de gloria.» En su blog, Rafael Iglesias hace una maravillosa radiografía del maratoniano, esa especie de montaña rusa en la que no vale ser derrotista. «El deporte hay que relativizarlo.» En esa vida también entran preguntas extrañas cuando uno se queda fuera, como le ha pasado a él, de unos Juegos Olímpicos por lesión. «¿Qué hago ahora y a qué aspiro?» Aunque, afortunadamente, la respuesta llegó a tiempo. «Hay que aceptar las lesiones, porque forman parte de nuestro trabajo.» Y aunque no siempre es fácil, Rafa Iglesias ya nunca apostará por la desesperanza. Sabe que el esfuerzo es un valor. Toda una lección de vida por parte de este hombre, que durante un tiempo pudo pedir la excedencia y dejar de trabajar como policía local en Santa Marta de Tormes (Salamanca). Entonces disfrutó como nunca de la profesión de atleta. «Fue un privilegio, sin duda.» Pero los nuevos tiempos le hicieron ver que «no podía prescindir de su nómina». Tuvo que regresar al trabajo. «Mi plaza de funcionario expiraba y me costó mucho aprobar la oposición.» Aunque ni siquiera el regreso traiciona sus sueños de maratoniano, partícipes de su escritura, en la que habla del pulsómetro como su «segundo jefe». También es capaz de dar las gracias a su mujer «por aguantar la preparación de un nuevo maratón» y de todo lo que representa esta vida. Iglesias, por ejemplo, pertenece a una cofradía, la Hermandad Dominicana, es el costalero de Jesús de la Pasión desde la infancia. Pero ya lleva años sin cargar. Quizá porque la espalda del maratoniano casi nunca puede permitirse ese lujo. Quizá porque, en realidad, la vida de maratoniano es así, de una responsabilidad extrema y casi innegociable: «Invertimos horas de trabajo por segundos de gloria», insiste.

Son más de 800 kilómetros al mes los que le ayudan a marcarse nuevas metas y volver a sus orígenes. Son más de 800 kilómetros mensuales los que deben conducirle a esos instantes de gloria. Pero en el kilómetro 36 del maratón ya hace falta algo más. A estas alturas, la carrera se parece a una bola de cristal, como aquella canción de Alaska que amenizaba sus mañanas de los sábados de su infancia. A esas alturas, el maratón exige decisiones importantes, en las que no hay demasiado tiempo para la duda. Y Rafa Iglesias lo sabe, porque lo ha vivido, como, por ejemplo, en San Sebastián 2009, cuando iba en solitario desde el kilómetro 14. Y no era tan fácil. Los dolores ya no perdonaban a sus piernas. El viento empezó a apoderarse del recorrido y en la zona de Ondarreta su intestino se declaró en quiebra: ya no podía esperar más para hacer sus necesidades. Su entrenador, Juan Carlos Granado, que acababa de bajarse de la bicicleta en la que le acompañaba para hacerle unas fotografías, se quedó loco ante la extraña decisión del atleta. Al finalizar la prueba, antes de felicitarle, le preguntó con impaciencia: «¿Dónde habías entrenado eso?»

La pregunta tenía motivo, porque en ese kilómetro 36 Rafa Iglesias, que ya no iba cómodo, se bajó el pantalón y comenzó a liberar su intestino sin dejar de correr un solo segundo. De ahí la pregunta del entrenador, «¿dónde has entrenado eso?», porque jamás había hablado de una cosa así con el atleta. Así que quería saber qué influencias le habían llevado a tomar esa decisión porque, en realidad, el maratón es tan extraño que puede parecerse, incluso, a una película de Billy Wilder. En cualquier momento hay que tomar decisiones y Rafa había leído eso que hizo «en un libro y en ese instante no me lo pensé, no había que tiempo que perder». La prueba estuvo en la meta, donde logró la mejor marca de su vida (2.10.44). Pero, sobre todo, reivindicó la inteligencia de su ritmo. Hizo sólo 24 segundos más en la segunda media, en la que, lo sabe, jugó con fuego. Al entrar en el estadio de Anoeta, en el kilómetro 41, sus piernas ya le pesaban demasiado. Su cerebro ni siquiera tenía claro lo que pasaba. «Apreté lo que pude porque sabía que era marca personal, aunque ni siquiera sabía qué tiempo iba a hacer. A esas alturas, ya no se podía pensar.»

Sin embargo, tenía que dejarse llevar. No le quedaba otra. Máxime después de lo que pasó en el kilómetro 36, que pudo ser letal para sus intereses. Frente al miedo, el atleta respondió con una serenidad enorme. Las condiciones no eran las más amables. «Hubo kilómetros que habían empezado a salirme en 3.18 por culpa del viento.» Los gritos del entrenador sabían a fuego: «¡venga, Rafa, que hay que darlo todo!». Sin nadie capaz de perseguirle, el atleta aparentemente iba como una locomotora, pero no era toda la verdad. Su intestino seguía dándole la lata. «En el kilómetro 20 ya noté sensaciones extrañas.» Aun así, no se dejó asustar, porque sabe que estas cosas pasan. «Era algo que ya me ha pasado en los entrenamientos largos.» Incluso, esta vez, en San Sebastián, él había alimentado esa posibilidad sin darse cuenta. Antes de empezar, se hidrató en exceso y esas cosas se pueden pagar en 42 kilómetros. «Bebí demasiado antes de la prueba: nos habían asustado diciéndonos que la humedad iba a ser muy elevada.» La realidad luego no fue para tanto, pero... «El problema intestinal es uno de los más limitantes en el maratón», explica Juan Carlos Granado, su entrenador, que recuerda el maratón que hizo él en París. «Hacía calor, pero precisamente para evitar problemas digestivos traté de beber lo menos posible.» Ahora bien, su caso nunca se puede comparar con el de Rafa Iglesias. «Yo no tenía ninguna ambición especial. Sólo quería conocer la prueba.» Granado, incluso, recupera otro episodio suyo años después en Nueva York: «Tuve que pararme a hacer mis necesidades, pero no tuvo misterio: vi un baño, entré y nada más. Sin embargo, Rafa se estaba jugando conseguir marca para participar en el Europeo de Barcelona.»

Así que Granado jamás olvidará esa escena, «porque me cogió de espaldas» y lo vio en riguroso directo. «Sí, efectivamente, vi como Rafa se bajaba el pantalón y empezaba a cagarse mientras seguía corriendo;

dicho así, parece una anécdota graciosa, pero visto en el momento... Me pareció tan increíble que no daba crédito.» Naturalmente, Iglesias se responsabilizó de esa decisión en la que supo recapacitar con frialdad: «Si me llego a parar, dudo mucho que hubiese sido capaz de enganchar el ritmo otra vez.» Su cabeza no aceptó disyuntiva: «Lo tuve claro desde el principio: "si te paras, ya no arrancas".» Así que adoptó esa decisión, que a su entrenador, a pesar de que no lo hubiesen registrado en ningún guión, le pareció perfecta. Fue otra lección más de las que deja esta prueba, en sus momentos cumbres. Son, en realidad, las infinitas consecuencias del maratón, en el que casi nunca se sabe lo que va a pasar... La línea de meta todavía está lejos. En ese kilómetro aún es pronto para imaginarla. Aún pueden pasar demasiadas cosas. Aún es pronto para pensar que esto ya se ha resuelto: el maratón todavía está por descubrir. Tiene esa naturaleza.

Kilómetro 37

«Sólo reprocho una cosa al atletismo: los dolores»

Miguel Sola (Zaragoza, 1982)
2.59.18 en Valencia 2012

En el kilómetro 37, pese a todo, Miguel Sola no se desmoraliza. Tampoco tira la toalla. Ha hecho ya cuatro maratones (Londres, Barcelona, Nueva York y Valencia) en los que el amor se le resiste. «Mi mejor tiempo ha sido de 2 horas y 59 minutos.» Sin embargo, ese tiempo no se parece a la hora y trece minutos con la que ha completado medias y que le presenta para mejores cosas en los 42,195 kilómetros. «Pero el maratón es otra historia», admite. «Es una prueba que muscularmente se me atraganta. Yo le quiero y le dedico muchas horas de mi vida, pero me trata mal.» Las sombras se reflejan antes y después de este kilómetro 37 en el que, pese a todo, Miguel Sola no desautoriza a la voluntad. «En realidad, yo tengo una ventaja: soy un apasionado del atletismo. Soy capaz de invertir mis vacaciones en ir a ver un Mundial como hice en Berlín 2009 o en ir a correr un maratón como haré en 2014, donde ya me he apuntado en el de Tokio. Tengo esa ventaja de que esto es una pasión para mí. Por lo tanto, sé convivir con todo lo que me da, sea lo que sea, quizá porque lo aprendí desde niño. Tengo grabados en la cabeza todos esos días en los que mi padre madrugaba para salir a correr. Tengo grabado para siempre ese maratón de los Juegos Olímpicos de Atlanta 96 en el que la medalla se le escapaba poco a poco a Martín Fiz. Los últimos kilómetros pasaban volando y no había manera de que Fiz cazase al tercero. Yo era un niño inquieto frente al televisor que lo deseaba con todas sus fuerzas.»

Entonces Miguel Sola tenía motivos para pensar en recoger la herencia de Martín Fiz en unos Juegos. La pasión le vino de serie. En su familia, el deporte era como una religión. «Mi padre salía a correr todas las mañanas 14 o 15 kilómetros antes de ir a trabajar. Era un gran aficionado a la montaña. Llegó a ir, incluso, a los Andes, y una de sus maneras de prepararse era corriendo.» Todo eso causó impacto en su hijo que, además, disfrutaba de la leyenda en las vacaciones. Veraneaba en un pueblo de Bajo Aragón, en la provincia de Teruel, en el que siempre se hablaba con admiración de un atleta que en La Puebla de Híjar jamás pasó desapercibido: Pedro Sierra. «Hay demasiado escrito sobre él, esa es la verdad. Fue campeón de España de maratón en la década de los cincuenta. Estuvo a punto de ir a competir a unos Juegos Olímpicos, pero, al parecer, no le dejaron.» Miguel Sola se abrazó a esa romántica hazaña en la que se delataba claramente el espíritu de los atletas. «Entonces lo normal era que no cobrasen dinero. Pero Pedro ganó una carrera de pollos y le obsequiaron con una yegua inseminada de un semental y fue la razón por la que, en aquella época, no le dejaron ir a esos Juegos. Al menos, eso dice la leyenda de aquellos años.»

Miguel Sola se parece en algo al viejo Pedro Sierra. Él tampoco participará nunca en unos Juegos. «A los 31 años», ironiza con inteligencia, «ya he entendido que se me pasó el arroz». Pero volverá a desafiar el maratón, a viajar hasta este kilómetro 37 en el que ya se podrá intuir cuál será el resultado final. Y lo hará con la misma felicidad con la que ahora relata las decepciones pasadas. «No, claro que no es fácil cuando ves como se escapa el objetivo para el que te has preparado. Los maratonianos nos caracterizamos por nuestra resistencia a la frustración. Hacemos todo lo posible para lograr lo que buscamos y, naturalmente, la marca es uno de los objetivos. Es lo que diferencia nuestro esfuerzo.» Son demasiados meses pensando en un día en concreto. «Por ejemplo, de cara al maratón que corrí en Valencia invertí muchas horas en la preparación. Quise creer que esa vez sí. Pero luego en la carrera volvió a pasar lo de siempre. A medida que pasaron los kilómetros, mis piernas volvieron a atascarse. Yo quería, pero no podía.» Cuando entendió que ya sólo se trataba de llegar, Miguel volvió a ser fiel a sí mismo: «Comprendí que no podía reprocharme nada. Yo ya había hecho todo lo posible. Si no corría más rápido no era porque no quisiese, sino porque no podía.» Pese a todo, y ni siquiera en esos momentos, uno pierde el derecho a elegir su destino. «Siempre se puede razonar, incluso en el kilómetro 37 del maratón. Yo, por lo menos, entendí que lo único que podía hacer era sacar el mejor rendimiento posible en las condiciones en las que me encontraba», explica Miguel Sola, un hombre que casi todos los días resume en los 140 caracteres que ofrece Twitter lo que significa ser atleta aficionado. «Insisto en que soy un apasionado de esto.» De ahí su capacidad de contagio, independientemente de que su zancada le haga o no le haga caso. «No todos los días se llega al kilómetro 37», explica. «Pase lo que pase, tienes que valorar el hecho de estar ahí.» Por encima de todo, es un hombre positivo, que aún cree en segundas oportunidades. «Siempre se puede volver a intentar».

Su vida es el reflejo de una afición en la que el atletismo aparece en primera línea de fuego, incluido los domingos por la mañana. «¿Acaso hay cosas mucho mejores en la vida que la tirada larga de los domingos con los compañeros?» Su novia es su cómplice. «Me dice que el atletismo es mi amante y lleva razón.» Pero tiene coartada, «porque a ella también le gusta.» Así que no hay discusión sin solución. «Es la vida. Es el destino. Es lo que felizmente nos ha tocado vivir. Yo, si acaso, lo único que puedo reprochar a este deporte son los dolores, las lesiones que te sacan de sitio. Pero, más allá de eso, soy un fanático del atletismo, porque, entre otras cosas, es lo que me da trabajo. ¿Cómo no voy a declararme un afortunado? Sería absurdo. Hace casi diez años entré a trabajar en una tienda especializada de Zaragoza y ahora soy uno de los socios.» Supo arriesgar y, «aunque la crisis se nota en todos los sectores», Miguel, de momento, no emplea su derecho de protesta. «Hago lo que me gusta. Sé que eso es muy difícil en esta época. Para mí, es un placer invertir veinte minutos de mi vida en explicar a un cliente la diferencia que existe entre dos zapatillas.» Y después siempre se apoya en el entusiasmo para solucionar los días malos. «Hoy en día, es verdad que hay que hacer miles de cuentas para que la cosa cuadre.

Pero mientras mantengamos la persiana abierta yo siempre digo que podemos hacernos más fuertes.» Quizá sea la enseñanza que recoge para su próximo maratón en Tokio, donde Miguel Sola aterrizará sin miedo. Es más, antes de coger el avión, volverá a ver el maratón del Mundial de Atenas 97 en el que disfrutó como nunca con Abel Antón, oro, y Martín Fiz, plata. «Fue la carrera perfecta en el escenario perfecto. La tengo grabado en casa y, pensándolo bien, es una forma extraordinaria de motivarse de cara a una prueba en la que admito que tengo una cuenta pendiente.» Pero eso no le hace más débil. Al contrario. A su edad, Miguel Sola, apreciado atleta de Zaragoza, sabe que las excusas pierden rápido la razón y que las cuentas pendientes casi nunca duran toda la vida. De ahí que esté deseando volver al kilómetro 1, a ese kilómetro en el que Fabián Roncero ya lo dejó dicho: «Si has de llorar, hazlo por algo importante.»

Kilómetro 38

«Ya sé que voy a llegar, tengo que emocionarme»

NOEL ÁLVAREZ MÁRQUEZ (Madrid, 1975)
2.59.31 en Madrid 2011

En el kilómetro 38, Noel ya no necesita motivaciones. «En esta fase yo ya siento alegría. Sé que no queda nada; sé que prácticamente ya he llegado y que el muro, para bien o para mal, ya pasó. Sé que estoy tocado, pero esa sensación ya no me atemoriza.» Al fondo quedan otros kilómetros más anónimos del maratón, en los que la prudencia levanta una montaña. «Son momentos en los que simplemente corres, en los que no sabes lo que puede pasar, pero ahora, que la meta ya está tan cerca, mis pensamientos se llenan de imaginaciones positivas». Vuelven a la línea de salida en la que Noel da mucho valor a todo lo que ven sus ojos: «Me emociona recordar el buen ambiente del inicio, los besos de los niños a los padres, mis propias sensaciones nada más salir de casa o nada más levantarme: "al fin, ha llegado ese día que llevas tanto tiempo esperando", me digo a mí mismo. Y ahora, en el kilómetro 38, lo tengo hecho, lo tengo tan cerca que casi, casi me parece mentira. Estoy ahí y sé que lo voy a lograr. En ese momento no le puedo pedir más a la vida. ¿Por qué no voy a ser optimista? Es más, ¿por qué voy a renunciar a la emoción?», se pregunta Noel, que se considera un fanático del maratón. «Yo amo esta prueba. Reconozco, incluso, que la tengo idealizada, porque, si lo piensas fríamente, es importante que uno sea capaz de correr 42 kilómetros y de correr rápido, además.»

La realidad, sin embargo, es terca en este maratón para Noel Álvarez Márquez. El hecho de que sus pensamientos vean el sol no significa que sus piernas, llenas de contracturas, le den la razón. Ha tenido una última semana que no se recomienda en ninguna parte antes de correr un maratón. «He hecho el Camino de Santiago desde Toledo en ocho días, a una media de 100 kilómetros diarios en bicicleta.» Las condiciones fueron casi dramáticas. «El último día nos pilló una lluvia de doce horas.» La temperatura tampoco tuvo piedad en los restantes, «en los que la máquina del viento se ponía a funcionar a las nueve de la mañana y no paraba». Pero, a pesar de la proximidad del maratón, esta vez no hubo negociación posible. «Llevaba sin hacer el Camino ocho años y, después de tantos años, en esa semana al fin se reunieron las condiciones: yo me quedé en paro y mi amigo Dani tenía unos días libres antes de incorporarse a su nuevo trabajo. No podíamos posponerlo más. Hoy en día, con lo ajustado que está todo, es difícil que dos personas, que son como hermanos, puedan coincidir.» Así que Noel no dudó en recuperar esta aventura para su vida. «Lo que no imaginaba es que fuese a ser tan difícil. Recuerdo días dantescos, como el que llegamos a Nava del Rey; recuerdo de llegar empapados a los albergues al anochecer; recuerdo comer en las plazas de los pueblos; en realidad, recuerdo demasiadas cosas que para mi memoria no tienen precio. Pero sé que eso es lo que da más valor a la vida.»

Noel regresó a Madrid el viernes de madrugada. «Siempre pensamos que lo íbamos a hacer en menos días; pero la realidad fue la que fue. Podía haber sido más difícil, incluso. Podía no haber llegado ni siquiera para el día de la carrera.» Pero no fue así. El maratón se celebró el domingo y Noel, que llevaba meses apuntado, no renunció a él. «Fui el sábado a recoger el dorsal.» El domingo amaneció con esa lealtad de maratoniano que descubrió hace muchísimos años. «Mi primer maratón fue en Madrid en 1994 sin apuntarme a la carrera. No tenía ni edad, pero quería saber cómo se podían hacer 42 kilómetros seguidos. Recuerdo que en la última parte, tras dejar atrás el estadio Vicente Calderón, pasé un calvario enorme.» Sin embargo, al cruzar la meta tuvo sensaciones «que entonces ya no se parecieron a las de ninguna otra distancia». Sin ser un héroe, es posible que se sintiese un héroe, no lo descarta. Quizá fuese hasta la fotografía más justa o la mística del maratón, la que se responsabiliza de esas sensaciones. «Yo también he hecho pruebas de ultrafondo, de bastante más distancia, pero me parece que no es lo mismo. Hay momentos en los que caminas. Juegas siempre con esa posibilidad. Sin embargo, en el maratón admites que puedes correr rápido toda la distancia: te fijas un ritmo que tratas de utilizar hasta el final.» De hecho, en este maratón, gobernado por los infiernos vividos en el Camino de Santiago, Noel ha pasado kilómetros por debajo de 4.00 minutos antes de entrar en la Casa de Campo. Sus parciales apuntan hasta el kilómetro 30 por debajo de las tres horas, pero ha de ser realista. Es verdad que ha obedecido durante el fin de semana todas sus rutinas de maratoniano; es verdad que ha querido estar ahí y también es verdad que ha amanecido muy temprano el domingo. «Siempre me levanto a las seis de la mañana el día del maratón. Aunque ya lo tengo todo preparado de la noche anterior, necesito tranquilidad ese día. No quiero ningún tipo de estrés. Prefiero que me sobre tiempo a que me falte.»

Como vive en el centro, ha bajado trotando hasta la línea de salida en la plaza de Colón. A medida que se aproximaba, las emociones han vuelto a ponerse de su parte, porque «empiezas a ver los globos, escuchas a lo lejos la megafonía, empiezas a compartir la emoción de otros atletas… que en un día así tiene un sentido muy especial». Noel no se desprende de ese estado de ánimo. Ni siquiera en un maratón como este en el que, después de lo vivido en la última semana, ya no puede tener responsabilidad de hacer marca. Y él lo sabe. Y no se engaña. Aún menos ahora en el kilómetro 38 en el que su cuerpo le demuestra que, finalmente, la realidad es lo único que no tiene remedio. «Yo empecé bien la carrera, pero en el kilómetro 32 empezaron las contracturas. Mis piernas me recordaron que venían de darse una gran paliza.» Sin embargo, a falta de cuatro kilómetros para la meta en el paseo de Coches del Retiro, que esta vez se parece a la de Central Park en Nueva York, Noel no se apena de lo que ya no tiene remedio. «Más que corriendo, al final me dediqué a andar deprisa, porque no podía. Me resultaba casi imposible.» El dolor, pese a todo, no anuló a esos pensamientos positivos. El reloj se fue un minuto por encima de las tres horas, pero no pasaba nada. El reloj no siempre gobierna el mundo. «Yo quiero mucho al maratón», explica Noel. «Yo quiero mucho a esta afición por correr que encima llegó a mi vida casi por casualidad. Tenía 16 años y solía jugar al tenis cuando me encontré con un problema en clase de Educación Física. Suspendí porque no fui capaz de pasar el test de Cooper (12 minutos corriendo fuerte). Y, de repente, me puse a correr para aprobar sin saber que esta afición me iba a cambiar la vida. A día de hoy, ya no concibo la vida sin correr. Es algo que forma parte de mí como mi nombre o mi apellido. Por eso me resulta tan fácil encontrar motivaciones.» Y por eso tampoco pasa nada porque en el kilómetro 38 de este maratón, casi suicida, sus piernas no le ayuden como otras veces. No pasa nada, porque Noel ha vuelto a estar ahí. Ha sido lo importante. Quizá lo único importante. Ha vuelto a demostrarse que las emociones merecen la pena y que, aunque parezca mentira, se puede sufrir a gusto. Son las cosas del maratón, una prueba en la que historias como la de Noel Álvarez Márquez siempre serán imprescindibles. Significan que la voluntad puede ser indomable.

Kilómetro 39

«Creo en el maratón perfecto, yo lo hice»

MARÍA ABEL (Lugo, 1974)
2.26.58 en Frankfurt 2002

Ahora mismo, ya estamos lanzados y no pasaría nada si el maratón durase más. Al menos, esta vez en Frankfurt, a orillas del río Main (Meno), en el otoño de 2002, donde María Abel se sintió más fuerte que nunca. Los últimos kilómetros, con el viento en contra, pudieron ser más difíciles de lo que fueron. Pero ni siquiera así, María sintió que su ritmo se complicase. Se comportó con una autoridad enorme a medida que se acercaba a la Platz der Republik, donde una enorme alfombra roja reconoce el esfuerzo de los atletas. «Disfruté desde el primer kilómetro. Creo que fue lo más parecido al maratón perfecto», recuerda ahora doce años después en un agradecido ejercicio de memoria en el que sólo faltó una cosa. «Me faltaron siete segundos para acabar con el récord de España de Ana Isabel Alonso.» Fue la única pena. «Aquel día los tenía en las piernas.» Quizá no le dio la importancia que merecía en carrera. «A veces, no te das cuenta de lo que debes hacer hasta que ya no puedes hacer nada.» Ahora, tantos años después, no le queda rencor por lo que ya no tiene remedio. Al contrario. María retrocede a su manera de ser. «Había que elegir una forma de ser y yo siempre fui demasiado prudente. Máxime en una prueba como el maratón. Creo que fue el signo de toda mi vida, sobre todo desde aquella vez en Valencia que me dejó marcada para siempre.

Salí a un ritmo más alto del que debía y viví una carrera difícil que nunca quise volver a repetir. La agonía fue excesiva.» Desde entonces, María se adaptó a su genética de atleta casi siempre cerebral. «Siempre viví con los pies en el suelo, quizá demasiado, pero es que estaba en mi persona, en los sacrificios que exige la vida de maratoniana; todo eso es algo que te hace más comedida, sobre todo a medida que pasan los años. Luego, con el paso del tiempo, siempre te queda esa duda: "¿podría haber arriesgado más?", pero no, yo no era de ésas.» Aunque en aquella carrera de Frankfurt apenas hubo tiempo para los prejuicios. Fue salir del icónico Messeturm, que entonces era el tercer rascacielos más alto de Europa, y empezar a volar.

«Creo que cualquier atleta merece vivir un maratón así. Llevas un ritmo tan alto como el que esperas y, sin embargo, el cuerpo te lo permite. Te preguntas: "¿voy a poder llegar a la meta así?", y lo cierto es que los kilómetros pasan y sigues igual o mejor. Sientes que las piernas te conceden más y, antes de forzar al máximo, únicamente te dices: "vamos a esperar un poco más, que todavía queda mucho". Pero, claro, eso forma parte del encanto del maratón y de todos sus misterios.» Así que no hay reproche posible en la memoria de María Abel, que entonces vivía en Madrid como externa en la residencia Joaquín Blume. «Iba a comer y a cenar, pero siempre preferí vivir en mi casa.» Y, en realidad, no le fue mal, sobre todo en aquel año 2002 en el que también llegó a correr la media maratón en un tiempo extraordinario de 1.10.52. Pero si hay que recuperar algún recuerdo, ella siempre se centra en Frankfurt, donde no existió ningún obstáculo. «Sí, claro que creo que puede existir el maratón perfecto.» Aunque, si le da a elegir, prefiere no generalizar. «Depende de muchos factores, de la edad que elijas o de los años que lleves entrenando. Yo entonces había aprendido a hacer muchos kilómetros. Cada maratón, de los tres que había corrido, había mejorado la marca. Tenía también esa experiencia de Valencia, que era una posibilidad menos de equivocarme. Y, en cualquier caso, las dudas que podía tener desaparecieron rápido. Nada más que empecé a correr, sentí que ese era mi día. Pero, claro, eso es algo que un atleta debe averiguar por sí mismo. Hay que tener frialdad para verlo.»

Hoy, María Abel ya ha dejado de correr en la élite. «Después de los Juegos Olímpicos de Atenas 2004, nada volvió a ser igual para mí en el maratón. No volví a acercarme a las 2 horas y 30 minutos y entrenaba fuerte, claro que entrenaba. Pero luego en carrera no había manera. Tuve que aceptarlo. Siempre arrastraba problemas de estómago. Los médicos me decían que tenía el colon irritable y que esto iba a más con la edad.» Así que en 2008, «desanimada por los problemas», clausuró su etapa como atleta. «Y no pasó nada, porque todo en la vida tiene un principio y un final. Yo sabía que no iba a correr maratón toda mi vida.» Por eso trató de sacar el máximo jugo de los años en los que se dedicó a ello. «Fueron doce años en Madrid completamente entregada.» Doce años, sin embargo, en los que no perdió de vista el futuro. «Sabía que había una vida después del atletismo. Estudiaba a mi manera. Quiero decir que me lo tomaba con mucha calma. Me matriculé en Magisterio y, en vez de tres, tardé seis años en acabar la carrera. Pero en estos años, por encima de todo, yo era atleta. Tenía esa posibilidad. Tenía que aprovecharla. Tenía que descansar, tenía que concentrarme y, si hacia falta concentrarme en Navacerrada para preparar un maratón, podía hacerlo. Tenía los medios.» De hecho, fue lo que hizo con vistas a los Juegos Olímpicos de Atenas. «Entonces creía que podía ser finalista. No me parecía tan exagerado. La gente, que me conocía, me lo decía. Era ahora o nunca. Tenía buena edad. Aún no había cumplido los 30 años. Había llegado a esa madurez como atleta y, sobre todo, en el maratón, que es una prueba tan distinta a todo. Pero ese día en Atenas, si tengo que buscar una excusa, siempre hablaré de la temperatura. Hizo un calor terrible que me anuló completamente. Sabía que era difícil, porque había mucho nivel en la carrera, pero como mínimo esperaba más batalla por mi parte. El desenlace no se portó bien conmigo.»

Son las memorias de una atleta que jamás debatió su fecha de caducidad en el atletismo. «Yo no podía permitirme llegar hasta los 35 o 40 años, que no creo que hubiese sido una mala edad para el maratón. No hay más que ver entre los hombres y entre algunas mujeres. Tenemos ejemplos más que suficientes. Pero en mi cabeza siempre estaba la idea de ser madre y no podía retrasarme tanto… Tenía que tomar una decisión y elegí ésa.» No hubo nada que recriminarse. «No, porque cuando lo dejé en 2008, yo ya no era la que había sido en el maratón. Los atletas tenemos que saber ver dónde está el final.» María Abel supo poner fin a la guerra antes de que la guerra acabase con ella. Incluso, en la despedida, se dejó acompañar por ese espíritu combativo que alumbró su vida de atleta. Fue madre, efectivamente, y después supo hacer frente al problema laboral con el que siempre se encuentra una maestra, recién licenciada. «Pero yo oposité y cogí el último tren para profesora como funcionaria.» No pudo ser en Galicia, en su tierra, como había imaginado para el día después. «Únicamente salieron plazas en Andalucía, donde, además, me daban dos puntos por haber sido deportista profesional.» Antes de negociar con su corazón, María se atrevió con ese horizonte. «Aprobé y ahora estoy en la costa de Huelva. Trabajo en Educación Primaria como tutora y profesora de Educación Física. Soy feliz, tengo una estabilidad y me gusta lo que hago.» La diferencia con el pasado es que ya casi ha dejado de correr. «Tengo, además, una niña y la vida es más complicada.» Aunque no descarta volver algún día. Quizá porque realmente los atletas, como los toreros, nunca dejan de hacer lo que más les gusta... Y María Abel, la maratoniana española de la pasada década, se adapta a ese perfil con la supremacía de un pasado que resultó estupendo.

Kilómetro 40

«Hacer un maratón es subir al podio, aunque quedes el 300»

ENRIQUE PASCUAL (Soria, 1957)
Entrenador de Abel Antón

El optimismo no olvida sus derechos al escuchar el relato del entrenador Enrique Pascual acerca del kilómetro 40. Él también cree en el maratón perfecto. «Si el atleta va bien, los dos últimos kilómetros ya son cuesta abajo. Representan el placer absoluto. Es más, ya sabe que lo ha logrado. Sabe, incluso, lo que sucederá, porque, en general, el maratón no es como cualquier otra carrera cuya incertidumbre dura hasta los últimos cien metros.» Así que ahora mismo no hay casi nada que temer. Al menos, en la escala de valores que Enrique Pascual siempre hacía con Abel Antón, al que ayudó a ser doble campeón del mundo de maratón (1997 y 1999). «Nosotros medíamos esta distancia cada diez kilómetros y teníamos la teoría de que si en el 30 respetábamos el ritmo programado, todo iba bien. Sabíamos siempre que nos quedaba la dureza del kilómetro 35, pero en lo que respecta al 40 no le teníamos ningún miedo. A esas alturas, el atleta ya está donde debe estar. Otra cosa es que ese día no se encontrase bien. Entonces ya cambiaba todo, como le sucedió a Abel Antón en el maratón de los Juegos de Sidney. Ni entrenó bien ni estaba bien. La prueba es que tuvieron que infiltrarle para correr y que, nada más volver a España, le operaron de la rodilla. Pero ni él ni yo nos arrepentimos de ir a esos

Juegos. Tenía que ir porque sí, porque los Juegos tienen mucho de filosofía, de mística, de todo... Así que había que intentarlo, aunque luego la carrera nos demostrase lo que yo siempre digo a los atletas: en realidad, cuando uno no está bien, lo mejor es no ir, no presentarse.»

Enrique Pascual vive en Soria, donde tiene un gran contacto con atletas populares. «Corro con ellos, aunque ya no compito y mucho menos en el maratón. Quizá porque después de haber preparado a gente que bajaba de 2.10 va en mi contra hacer menos de tres horas.» En cualquier caso, el hecho de que no lo haga él no significa que no valore el esfuerzo de los demás. «Terminar un maratón es como subir al podio, aunque quedes el 300.» Por eso es sumamente respetuoso con una prueba «que tiene una mitología tan especial que se merece conocer. Yo tengo un compañero que va a debutar en el maratón de Madrid y no va a bajar de las 3 horas y 30 minutos. Pero está como un niño con zapatos nuevos, ha sabido organizar parte de su vida en torno a ese objetivo, ha perdido peso y ahora tiene un físico de modelo. ¿Cómo no vas a valorar ese esfuerzo? Yo siempre seré comprensivo con esas ilusiones, pero, a cambio, la gente no debería equivocar los objetivos. No puedes estar toda la vida intentando mejorar, no puedes ir en contra de la naturaleza, que, a fin de cuentas, es sabia. Los años que cumplimos nos lo demuestran, porque ya no nos dejan maniobrar como antes. De lo contrario, Antón seguiría corriendo maratón.»

La filosofía de Enrique Pascual se aparta del rendimiento. «Soy de los que piensa que un atleta popular tiene que ir a gozar, a buscar el placer de hacerlo. Si lo que haces te agota no lo hagas, es muy posible que no tenga sentido. Hay que entrenar de forma placentera, no estresante.» Su ejemplo actual radiografía lo que dice. «Creo que no hay placeres mucho mejores en la vida que el de correr por los bosques de Valonsadero en Soria, lo digo con sinceridad. Yo mismo no puedo prescindir de esa afición, pero sé administrarla. Los días en los que me encuentro bien me inflo a correr y voy como una motocicleta, pero cuando el cuerpo no se encuentra bien sé parar y no me remuerde la conciencia. He entendido que yo, como atleta aficionado, en vez de rendir, tengo que gozar, y mientras sea así estaré muchos años corriendo. He cumplido 56 años y he comprobado que la edad no perdona.»

En la ecuación de Pascual tampoco se discrimina el efecto de los años. «Claro que se notan», señala. «Yo recuerdo cuando hacía los miles (series de 1.000 metros) por debajo de 3.00. Ahora, sin embargo, cada vez que logro correr a 4.00/km ya suele ser un hallazgo. Me cuesta trabajo.»

Enrique Pascual, que fue pertiguista en sus tiempos de atleta, ha sido un estudioso del maratón. Una prueba que al principio admitió con cierto recelo: «Cuando pensé que debía entrenar a Abel Antón para el maratón viniendo del 10.000, me pareció una causa perdida. Me parecía imposible aguantar tantos kilómetros seguidos corriendo a tres minutos cada uno. No tenía ni idea de cómo se podía lograr.» Pero fue empezar a trabajar y abandonar esos primeros prejuicios. «Comenzamos a tantear los ritmos y el proceso nos encandiló de tal forma que acabó convirtiéndose en un placer. Descubrimos que no era tan difícil mantener un ritmo sostenido; descubrimos que era hasta agradable eso de correr indefinidamente. Te permite gozar de la naturaleza, del entorno o de la carretera. Yo hice muchos kilómetros de liebre de Abel en bicicleta, a tres minutos por kilómetro, y puedo reafirmar ese placer que te permitía escuchar la respiración del atleta, que no era nada agobiante. No se parecía en nada a ese ritmo jadeante del 1.500 en el que no puedes más y en el que sometes a los tendones, y a las mismas articulaciones, a impactos infinitamente más agresivos.»

Quizá por todas esas cosas, Pascual se declara «un fanático del maratón. Yo no diría que se puede amar esta prueba; yo iría más lejos y diría que se debe amar. Porque la realidad es que una vez que se conoce cuesta mucho dejarla, porque es como la Fórmula 1 del atletismo, el máximo, el no va a más. Puede ser algo increíblemente adictivo.» La clave está en saber interpretarla, a ser posible, antes de llegar al kilómetro 40 en el que Enrique Pascual nunca dejará de recordar las limitaciones de los años. «Los objetivos pueden ser regresivos, no siempre tienen por qué ser progresivos. Los años nos tienen que licenciar para verlo y para encontrar el placer en cada momento. Para mí, que ya no tengo ninguna meta concreta, es suficiente eso para mantenerme activo, aunque reconozco que no todo es tan fácil como yo lo planteo ahora. Al principio, se sufre, y eso no te lo va a quitar nadie. Yo mismo puedo poner mi ejemplo. Todos los años tengo que hacer alguna parada. Si no es un problema en un tendón, lo es en una articulación. Y cuando vuelvo se sufre durante el primer mes hasta que el cuerpo vuelve a encontrar las adaptaciones necesarias.» Ahora bien, una vez que se logran, vuelve a imponerse ese ambicioso retrato de atleta aficionado que Enrique Pascual relata a través de otro anónimo compañero suyo, «que fue un gran atleta de 400, que tiene unos brazos que parecen grúas y un peso poco adecuado para el maratón, porque a lo mejor no cuida la comida todo lo que debería.» «Pero vete tu a decirle a ese chaval, que se mete esas palizas a correr y que encima trabaja de cristalero, que prescinda de la comida... ¿Es justo? No, yo creo que no, pero el problema es que ya tiene un tendón destrozado y es el lugar al que pretendía llegar: ¿su lugar está en la larga distancia? ¿A veces, no nos imponemos objetivos demasiado severos? ¿Qué sentido tiene eso?», pregunta.

En cualquier caso, ya habrá tiempo de que cada uno de ustedes se haga esas preguntas. Ahora mismo, en el último kilómetro, la emoción no acepta rivales. En la terminología de Enrique Pascual, cada vez estamos más cerca de subir al podio, de vencer a la leyenda o de vivir lo que nunca se sabe cuándo volverá a repetirse. Por eso casi que ya no se trata de pensar. Basta con un último esfuerzo en nuestras cabezas de maratonianos que ahora mismo empiezan a acordarse de Fabián Roncero y de su kilómetro 1: «Si lloras, hazlo por algo importante.» Y la meta de un maratón lo parece.

Kilómetro 41

«Los sueños casi siempre tienen razón»

José Felipe Varona (Madrid, 1973)
2.58.16 en Sevilla 2005

La cabeza ya pide llegar en este último kilómetro. Incluso me lo pide a mí en este maratón que empezamos a la vez: me parece que ya estoy saturado de hacer entrevistas. Seré sincero con ustedes y conmigo mismo: ya no sé qué más preguntar ni qué más historias sacar. Así que ahora, si la inspiración no me falla, escribiré en primera persona. De hecho, no quisiera despedirme sin hablar de lo que significa en Madrid, la ciudad en la que vivo, el último domingo de abril. Es el día del maratón. Hubo un tiempo en el que yo siempre lo esperaba con impaciencia. Buena parte de mi vida en la primavera giraba en torno a ese objetivo. Las piernas aceptaban tanto kilometraje en los meses previos. Y lo recuerdo como un desafío limpio, lleno de interés y sentimiento. Pero hace tiempo que dejé de ponerle fecha a ese objetivo, tal vez porque la ambición ya no pisa tan alto. Supongo que todavía podría hacerle frente y hasta dedicarle una convivencia feliz. Pero quizá sea la motivación la que ya no me dejaría obrar como antes ni igualar mis mejores marcas. Sumo veinte años corriendo y ha llegado ese momento en el que no se debe abusar del cuerpo. El último domingo de abril, por lo tanto, ya no ha vuelto a ser el mismo: ya no corro el maratón de Madrid desde el kilómetro 1, ya no me levanto a desayunar a las cinco de la mañana. Amanezco más tarde y sin el orden de otras épocas. Tampoco miro al cielo con tanta impaciencia ni coso un dorsal al pecho ni una esperanza a la memoria: queda la nostalgia que deja el tiempo, la huella del pasado o el incorregible sentimiento.

Aun así, siempre voy al maratón. La fidelidad es sagrada. La fidelidad, en realidad, consigue implicarme con historias anónimas como la de mi hermano que, 19 años después, todavía negocia con esta distancia. Ha reducido la ambición, pero no el encanto. Ha encontrado un objetivo más pacífico, sin tanta prisa en el camino, sin necesidad de apuntar al reloj a punta de pistola. El orgullo perdió parte de su derecho a amotinarse. Quizá sea la transición de los años o las leyes del maratón, en las que ya sabemos que nada es para siempre y que las mejores épocas duran poco. Por eso este último domingo de abril mi hermano ha tardado más que otros años en terminar el nuevo desafío. Al fin y al cabo, esto es el maratón en el que nunca se garantiza nada. Ni siquiera cuando los objetivos adelgazan. De lo contrario, no se parecería a esa mujer de la que habla Martín Fiz y que «cuanto más te hace sufrir, más la quieres». En realidad, es parte de su ideología, de sus motivaciones o de esa linda cita que cada año acompaña al maratón de París: «La fatiga desaparece; la gloria, eso permanece» («la fatigue disparais; la gloire, ça reste»). Y, además, tampoco hay que olvidarse de lo que tantas veces dice Eduardo Galeano, uno de mis escritores favoritos: «Está bien que nos llamen locos; en parte lo somos.»

El caso es que el último domingo de abril yo ya soy uno más de los aficionados que, en la primera parte, se desplazan en metro para seguir el maratón en determinados puntos de la ciudad. La travesía tiene su incertidumbre, su pasión. Cuando subo o bajo las escaleras de cada estación, no sé si mi hermano respetará los tiempos de paso, si su idea vive o entristece. La última parte, a raíz de la media, ya paso a la acción. Me alisto a él para ayudarle a conservar el ritmo y a suavizar la pelea y la soledad. Me declaro a su disposición y, aunque no le evito ninguna zancada, parece como si el esfuerzo se compartiese. De ahí que toda esa legión de acompañantes, que hacen de liebres, en la segunda parte ya forme parte de la tradición del maratón. En mi época, recuerdo que casi siempre tenía a algún atleta esperando para acompañarme, antes de entrar en la Casa de Campo, donde el maratón de Madrid entra en estado de sitio. Pero como no quiero engañar a la memoria, a veces fue un triunfo y otras no. En tantos años hubo de todo: unas veces confundí con cuchillos sus golpes de ánimo, pero otras entre los dos aprendimos a convencernos de que lo imposible es posible.

En realidad, el kilómetro 41 ya no tiene misterio. Se trata de resistir para vencer. Pero, a lo máximo, ya sólo se trata de un cortometraje. Las piernas siguen declarando una nueva dificultad en cada pisada. Pero el cuerpo ya está acostumbrado a aguantar esa locura. Ha superado la amenaza del naufragio. Las emociones han tomado el control. Mi hermano ya ha entendido que la única manera de vencer a la duda es no pensar en ella. Quizá ya no se trata de razonar, sólo de correr. Por eso me acuerdo de los años en los que yo también llegaba a este punto, en todas las horas que invertía en la semana y en los meses previos pensando como llegaría a estos dos últimos kilómetros. La pregunta nunca me pareció muy amable. Al contrario. Sigo juzgándola como obsesiva y difícil de administrar, entre otras razones porque basta que uno imagine una cosa para que suceda lo contrario. En realidad, es una de las pocas cosas que no echo de menos de esa época, pues esa pregunta encerraba demasiadas cosas: el éxito o el fracaso. De ahí la impaciencia con la que se espera la respuesta.

La literatura, en general, coincide: aprecia el maratón como una prueba que no siempre tiene término medio. Hay quien dice que es más fácil correrlo que prepararlo. Pero yo no sabría decir. Mientras acompaño a mi hermano, camino de la meta, aprovecho para debatirlo conmigo mismo. Quizá hasta sea un buen momento en un escenario así, que ahora está poseído por el cansancio de los atletas. Retrocedo también a escenas del pasado cuando éramos más jóvenes y nuestras piernas eran más atrevidas. Así que parece ser que tengo argumentos para contestar esa pregunta y, sinceramente, no sé si estoy de acuerdo. En los entrenamientos siempre percibo una fotografía más moderada que en los kilómetros finales del maratón; en los entrenamientos casi nunca se gestiona con situaciones límite. Es más, si uno obedece a la lógica durante la semana, no tiene por qué agotarse. Pero en esos últimos metros del maratón parece como si los músculos de las piernas necesitasen una reparación urgente. Aparecen las tentaciones más humildes y, desde hace tiempo, hay que hacer frente a decisiones difíciles. Se puede desistir, y no pasa nada, pero entre la gente acostumbrada al maratón nunca fue fácil que el orgullo descienda de categoría. El orgullo, a diferencia del dolor, lo es para siempre. El orgullo puede ser egoista, incluso. Por eso yo veo a mi hermano y me fijo en él más que en ninguno, porque es de mi sangre. Veo que no se resigna, que tolera mis ánimos finales con gratitud difícil, pero sueña, si es que a esas alturas se puede soñar, con el kilómetro 42, donde las penas se acaban y el destino te echa una mano. Su ritmo está cansado de existir, naturalmente, pero ya hay una cosa totalmente segura: ya no cederá frente a la tormenta, ya no va a perder. Es la magia del último kilómetro. Es el final de una aventura que entre mi hermano José Felipe y yo conocimos por primera vez en la primavera de 1994. Las dificultades no impidieron nada. Sin aparentes motivos, nos enamoramos para siempre de una distancia en la que, como pasa en la escritura de Eduardo Galeano, «los sueños casi siempre tienen razón». Sobre todo, a estas alturas en las que ya no hablamos de corredores, sino de héroes. Al fondo queda un camino sincero que pudo hacerse infinito.

Kilómetro 42,195

«No nací atleta, pero sí he intentado serlo»

Toni Bernadó Planas (Andorra, 1966)
Cinco maratones olímpicos terminados

Ya hemos llegado. En la meta ya no se puede personalizar en nadie. Ha sido un esfuerzo compartido, ha sido una colección de entrenadores, de atletas, de médicos, de psicólogos los que nos prestaron su experiencia. Han sido muchos, pero no han sido demasiados. Entre todos nos han enseñado a apreciar un poco más lo que significa este momento: ya hemos llegado, ya se acabó todo, ya sabemos que se puede ser muy feliz en estadio de fatiga. «Si un médico de cabecera ve la analítica de un atleta, al día siguiente de terminar un maratón te manda directamente a la UVI.» Fue una frase que me dijo hace muchos años Diego García, un atleta que desafortunadamente no ha podido estar en este libro. Una pena, porque era un buen conversador. Pero murió hace más de diez años, unos meses después de haberse retirado de la élite, uno de esos golpes del destino que nos obligan a apreciar más lo maravilloso que puede ser un momento como éste. Acabamos de vencer 42,195 kilómetros y las dudas que los acompañan: la emoción está justificada y Carles Castillejo lo sabe. Él siempre que ha terminado un maratón se ha puesto a llorar desconsoladamente, como si recuperase parte de la infancia perdida. «La emoción me puede al ver a mi mujer y a mi hija esperándome en la meta.» Quizá porque esta carrera va más allá de uno mismo. Se trata de un larguísimo proceso en el que nunca es suficiente con el talento. «Se trata de vencer a la bestia», explica el psicólogo Darío Collado, que acaba de regresar del maratón de Milán, donde la marca que hizo no cumplió con sus expectativas. Pero aun así no hay que despreciar un momento que no se sabe cuándo volverá a repetirse. Hay que saber consolarse, en realidad, esa es parte de la inteligencia. «Todos los que comienzan son valientes; los que terminan son héroes.»

De hecho, ahora mismo sigue sin ser momento de lamentarse de nada. Si hace falta, ya habrá una vida por delante para hacerlo. Pero ahora, en el kilómetro 42, Antonio Serrano se niega a establecer conclusiones. «Si uno llega a la meta es porque ha hecho lo que se ha podido, no hay motivo para enfadarse.» Conozco a Antonio desde hace más de diez años. En todo este tiempo he escrito mucho de él, porque he aprendido mucho de él, de su lógica, de sus motivaciones, de su visión optimista de la vida. Su primer maratón fue en Berlín en 1994. Tenía dudas. Nunca en su vida había corrido más de 26 kilómetros seguidos. El día anterior se había pasado horas buscando una pizzería (la pasta, la maldita pasta) por la ciudad. Pero esas inquietudes no pudieron con él en la carretera. No hubo nada que le impidiese convertirse ese día en el primer español que bajaba de las 2 horas y 10 minutos en la distancia. «Cuando estaba en la línea de salida de mi primer maratón, desconocía lo que había más allá.» Optó entonces por no tener miedo. «Decidí seguir al grupo de cabeza y, al terminar la carrera, me pude decir a mí mismo: "Antonio, ya eres maratoniano".» Hoy, casi veinte años después, Antonio es algo más. También es entrenador de atletas y de maratonianos que, además, han sido olímpicos y que han pasado por estas páginas como Chema Martínez o Alessandra Aguilar. Gente que ha aprendido a ganar y a perder. Gente que, por encima de todo, sabe valorar lo que cuesta llegar hasta aquí: las dudas, las frustraciones de los días malos, la tensión de tres o cuatro meses. Porque esa es la personalidad del maratón, una prueba en la que hay más de una verdad. El suspense siempre está ahí. La felicidad en carrera es muy relativa, como sucedió con Chema Martínez en el maratón del Europeo de Barcelona 2010, en el que pareció que todo le fue tan bien. «Pero lo cierto es que al poco de empezar la carrera, me asusté de veras. Sentí que se me había torcido el tobillo.» Y no sólo eso, sino que al final, cuando trató de forzar para ir a por el primero, también le dio «un flato» que otra vez más le hizo pensar lo peor con una compañía indeseable para correr, 25 grados de temperatura y un 74% de humedad como testigos. Ante esas cosas, no cabe otra cosa que glorificarse a uno mismo lo que puede no ser tan mala idea: «El maratón es tan difícil que cada uno que terminas te parece como si fuese el primero», dice.

El kilómetro 42, en realidad, tiene demasiado valor. Nunca se sabe cuando volverá a llegar. Pablo Villalobos lleva más de dos años esperando, pero las lesiones no le dejan en paz. «Mi cabeza me pide hacer algo que mi cuerpo no me deja hacer.» De la Ossa sólo pudo intentarlo una vez a pesar de que reunía las condiciones ideales para esta distancia. Por eso Martín Fiz concede tanto valor a las modernas expectativas de su mujer en el maratón, porque sabe que esto es importante. Pedro Nimo superó una lesión cruel, porque sabía que tenía que volver. «No podía dejarlo así.» El psicólogo José Carlos Jaenes también se niega a prescindir del maratón en su vida. En realidad, en este libro hemos conocido demasiadas historias y todavía estamos a tiempo de conocer más. Si se dan cuenta, en todas ellas casi siempre sucede lo mismo. La emoción siempre pide permiso: el maratón es así. El kilómetro 42 es como el final de una película en la que el director de cine Woody Allen tal vez se olvidaría, aunque sólo fuese por un momento, de aquella frase en la que dijo que «el miedo es mi compañero más fiel, jamás me ha engañado para irse con otro». Porque el kilómetro 42 compensa demasiadas cosas. En realidad, es como una terapia que, por ejemplo, el veterinario Toni Bernadó Planas ha saboreado como casi nadie en el mundo. Sin ser un maratoniano de élite («soy el último de los buenos y el primero de los malos»), ha terminado cinco maratones olímpicos (Atlanta, Sidney, Atenas, Pekín y Londres). Tuvo la suerte de nacer en un país como Andorra en el que hace años que no se debate su supremacía en esta distancia. Todavía cumple con las mínimas que exige el Comité Olímpico y ha vivido experiencias que no se pagan con dinero. Por eso Toni Bernadó, que, además, vive en la ladera de una montaña, tiene su mito a pesar de ser un personaje casi anónimo. «No nací atleta», ha declarado, «pero sí he intentado serlo».

En realidad, son historias de maratón que demuestran que esta carrera es como un acto de fe, historias que difícilmente pasarán de moda y que nunca serán elegidas al azar. En el maratón el destino no depende de terceras personas, no hay balones que choquen contra el poste ni árbitros con demasiado poder. Si nada se interpone, valdremos lo que nos merecemos asociados a ese eterno sacrificio que demanda esta distancia en la que llevó a mitos como el italiano Gelindo Bordin a superar los 250 kilómetros de entrenamiento semanales en una concentración en el Teide. Aunque en este libro ha aparecido algún maratoniano aficionado, que se atrevió a rebasar los 200 kilómetros, nosotros nunca llegaremos a esas cifras de Bordin. Pero a nuestra manera aceptamos ser como él o como Ricardo Ortega, que en 1983 batió el récord de España (2.11.51) en el maratón de Nueva York. Su vida, en principio, no era la de un atleta de élite. Acababa de aprobar el MIR en medicina familiar y trabajaba en un ambulatorio. «Tenía que estar localizable desde las nueve de la mañana hasta las cinco de la tarde por razones de trabajo.» Pero eso no fue obstáculo para hacer de él un aplicado maratoniano que, con unos años de adelanto, tal vez nos radiografía lo que hoy somos cualquiera de nosotros. «Los maratonianos de antes estábamos educados para ganar medallas, no dinero.» De ahí el romanticismo de este desafío que en el kilómetro 42 suele olvidar sus pequeños o sus grandes defectos… Al fondo quedan demasiadas inquietudes, demasiados sueños, que durante unos meses se convirtieron en la razón de ser de este libro, un poderoso argumento para no olvidarlo jamás. Gracias, por lo tanto, por su compañía y por su solidaridad con estas páginas, con estos trozos de vida y esfuerzo que nos han permitido compartir este rato. Ha sido, como el maratón, un placer de horas, en el que Amby Burfoot seguramente llevaba razón cuando dijo aquello de que «la motivación es una habilidad. Puede ser aprendida y practicada». Así que nada más, señores, y tan sólo una última petición: lean el epílogo de este libro, lean a un tipo realista como Vicente Sánchez Blanco, entrenador, atleta, maratoniano, en fin, qué se yo, el caso es que sitúa el día después en su punto justo…

Epílogo

¿Los dolores nos motivan?

Escrito por Vicente Sánchez Blanco
Entrenador, maratoniano y webmaster de *www.elatleta.com*
Autor del blog *Cosas del correr y del vivir (http://vsblanco.blogspot.com.es)*

Siempre he dicho que a todo atleta que se precie de serlo, todos los días por la mañana cuando se levante le va a doler algo. Es la ley del atletismo en general y del maratón en particular. Y esto afecta tanto a los profesionales como a los que corremos maratones como parte de nuestro tiempo de ocio. De los buenos lo sabemos porque nos lo cuentan en las redes sociales o en sus blogs. Vaya, que aunque están hechos de otra pasta quizás no son tan divinos como alguno puede creerse. O son tan terrenales como nosotros, que con más motivo sufrimos la preparación del maratón. Tenemos que compaginarla con nuestro trabajo (el que lo tiene, claro), restarle tiempo a nuestra familia, amigos...

A veces, me planteo si merece la pena tanto sacrificio. La preparación de un maratón supone entre 8 y 10 semanas de vivir casi como un monje, dedicar casi todo nuestro tiempo libre entre semana a entrenar y el resto del día a descansar. En estas semanas hay que inventarse más de una excusa cuando los amigos nos llaman. Pero todo esto se olvida cuando se cruza la meta del maratón. Juzgamos que siempre hay tiempo después de estas semanas para recuperar el tiempo que se ha perdido. Al final, los que nos quieren entienden que así es como somos felices y que es mejor disfrutar menos veces de un amigo feliz a estar con alguien que no lo es.

En lo personal, tengo claro que para alcanzar la meta después de 42,195 kilómetros hay que pasar por muchos momentos de dolor. Más de una vez, uno se plantea si realmente va a aguantar la preparación del maratón. Siempre he comentado una anécdota cuando recibí mi primer plan de entrenamiento como atleta del Club Páris. Hasta entonces, yo corría: quiere esto decir que hacía lo que me parecía, cuando me parecía y como me parecía. Pero desde que entré en el club, empecé a entrenar. Hacía lo que me decían, cuando me decían y como me decían. A veces, no sabía por qué sí ni por qué no, pero lo hacía. Quizás por eso hice dos cursos de entrenador de atletismo, para encontrar respuestas. Pero esa ya es otra historia.

El caso es que cuando me enviaron aquel plan específico de maratón tenía una conversación virtual muy animada con dos compañeros. Estábamos hablando por e-mail del entrenamiento del día anterior y, sobre todo, del míster (así llamábamos a nuestro entrenador) que aún no había tenido la valentía de explicarnos en qué iba a consistir el plan. Fue cuando, de repente, uno de nosotros exclamó: «¡¡¡ya está el plan de maratón!!!». Teníamos una plataforma virtual en la que el míster nos subía los entrenamientos personalizados a cada uno. En el caso de aquel maratón, y puesto que los tres andábamos en registros similares, el plan era igual para todos.

En cuanto lo leímos, se produjo un silencio que duró una eternidad. Recuerdo que desde mi puesto de trabajo me pasé como media hora evaluando ese plan de entrenamiento que me esperaba para las próximas semanas. Estaba casi en estado de shock. Hasta que uno de nosotros comentó algo así como: «Me salen más de 100 kilómetros semanales, casi 120.» Y otro respondió: «En las próximas cuatro semanas sólo descansamos un día.» A partir de ahí, la conversación revivió y empezamos a comentar cómo lo íbamos a hacer, cuando había que quedar y cómo nos íbamos a organizar.

De aquel primer entrenamiento de maratón, realmente serio, recuerdo que todos los días entrenaba con dolor. ¡Todos! Cuando había que hacer series, el calentamiento me animaba y poco a poco el cuerpo entraba en acción. Pero, sobre todo, recuerdo que al finalizar algunas sesiones, me encontraba mejor. Y no era fácil con la acumulación de kilómetros y de ritmos que demanda la preparación de un maratón, en la que un día aislado no vale de nada. El problema es encadenar uno tras otro. Acaban doliéndote hasta las cejas.

En mi primera experiencia, con un plan de entrenamiento en condiciones, seré sincero: acabé casi odiando el atletismo. Y la culpa de que no lo dejase la tuvo un segundo, el que separa la barrera de las 2 y las 3 horas. Mi objetivo en aquel maratón de 2003 era bajar de la frontera de las 3 horas. Y a punto estuve de no cumplirlo, pero, finalmente, pude cruzar la meta situada en el paseo del Prado. El tiempo final fue de 2.59.59. Sin embargo, aquel domingo se alegraron más mis compañeros de carrera que yo. Los dolores musculares me atenazaron durante días. Pero, mientras tanto, como si fuese una de esas grandes contradicciones de la vida, mi cabeza empezaba a plantearse el siguiente maratón.

Las posteriores preparaciones para los maratones que vinieron después (Sevilla, Valencia, París, Zaragoza, San Sebastián, etc.) tuvieron un denominador común. Mi cuerpo se acordaba del entrenamiento y lo toleraba mejor. Sí es cierto que al principio protestaba al iniciar la preparación. Incluso me costaba superar la decena de kilómetros y llegaba a preguntarme: «si no soy capaz casi ni de correr 10 km al trote, ¿voy a poder mantener un ritmo sostenido durante 42 km?». Pero no era toda la verdad. Mi cuerpo memorizaba que era capaz de hacerlo. Me convenció rápido de que podía repetirlo y ya nada fue tan costoso como la primera vez.

Para finalizar, voy a comentar uno de los momentos más duros en mi trayectoria como maratoniano. Fue en el maratón de Valencia en el año 2005. Entonces la carrera se disputaba en el mes de febrero. Me había marcado un ritmo objetivo de 4.00 minutos el kilómetro. Los entrenamientos habían ido bien. Al menos, así lo juzgaba yo. El caso es que me presenté en el km 30 de la carrera en 2 horas justas, es decir, en tiempos. Pero, a partir de entonces, los kilómetros ya no pasaban. No había manera. El 31 se me fue a 4.15, el 32 casi a 4.30 y así hasta el 35, que lo pasé en 5.15. Me había quedado vacío. Mi cuerpo no podía más. Experimenté el momento más doloroso en mis 16 maratones disputados. Tuve que echar pie a tierra roto física y anímicamente. De nada había servido el sufrimiento de semanas y semanas de entrenamiento. Pasados varios meses, pude analizar el porqué de aquello y comprendí que me pasó lo que me tenía que pasar. Fue una enseñanza enorme.

De aquel maratón aprendí que no hay triunfo sin dolor. Fue importantísimo, porque, además, me convencí de que no todo está en la marca. Para un maratoniano popular, el triunfo puede ir desde terminar hasta presentarse en la salida tras superar la preparación, el placer de atravesar la meta de la mano de tus hijos o enseñarle a tus padres la foto del maratón que has corrido en una nueva ciudad. Todo eso tiene un valor imborrable que, a medida que pasan los años, cada vez se valora más.

Índice